中国体育舞蹈联合会
赛事运行管理手册

中国体育舞蹈联合会　◎编制
李小芬　　编

北京体育大学出版社

策划编辑　孙宇辉
责任编辑　田　露
责任校对　吴　珂　井亚琼
版式设计　博文宏图

图书在版编目（CIP）数据

中国体育舞蹈联合会赛事运行管理手册/李小芬编
.--北京：北京体育大学出版社，2021.1
ISBN 978-7-5644-3254-6

Ⅰ.①中… Ⅱ.①李… Ⅲ.①体育舞蹈-运动竞赛-组织管理-手册 Ⅳ.①G831.37-62

中国版本图书馆 CIP 数据核字（2019）第 236236 号

中国体育舞蹈联合会赛事运行管理手册　李小芬　编
ZHONGGUO TIYU WUDAO LIANHEHUI SAISHI YUNXING GUANLI SHOUCE

出版发行：北京体育大学出版社
地　　址：北京市海淀区农大南路 1 号院 2 号楼 2 层办公 B-212
邮　　编：100084
网　　址：http：//cbs.bsu.edu.cn
发 行 部：010-62989320
邮 购 部：北京体育大学出版社读者服务部 010-62989432
印　　刷：北京昌联印刷有限公司
开　　本：710mm×1000mm　1/16
成品尺寸：170mm×240mm
印　　张：16
字　　数：266 千字
版　　次：2021 年 1 月第 1 版
印　　次：2021 年 1 月第 1 次印刷
定　　价：90.00 元

《中国体育舞蹈联合会赛事运行管理手册》编委会

主　　　　任：尹国臣

常务副主任：苏　洁

副主任兼主编：李小芬

编　　　　委：崔特特　张　颖

前　言

体育舞蹈，又称“国标舞”，是我国正式开展的第 74 个运动项目。

在国家体育总局前两批协会改革试点单位相继完成改革后，中国体育舞蹈联合会被列入第三批协会改革试点名单。改革后，体育舞蹈项目必须做好顶层设计，建立一系列改革配套制度。从 30 多年的体育舞蹈运动传播与推广经验来看，赛事是维持体育项目持续发展最核心的抓手。为贯彻落实党中央、国务院简政放权、放管结合、优化服务的总体部署，加强对体育赛事活动的监督管理，确保体育赛事活动持续健康发展，进一步合理规范和监管各级体育赛事成为一个单项体育组织管理工作的重中之重。目前，全国每年体育舞蹈赛事达上千场次，参与人数超过两百万人次，其巨大的经济效益和社会效益不容小觑。因而，无论从国家政策要求、市场需求或是行业规范哪一方面，都需要建立一整套完善的机制，以更好地利用竞赛手段服务该项目。《中国体育舞蹈联合会赛事运行管理手册》正是基于这样的背景，由北京体育大学体育舞蹈教师组织牵头调研并完成撰写。本书有利于众多的办赛主体和庞大的参赛群体更为规范地办赛、参赛，是中国体育舞蹈联合会赛事运行管理的利器。

本书依据国家体育总局《关于进一步加强体育赛事活动监督管理的意见》，制定体育舞蹈赛事活动的行业标准、办赛指南、参赛指引、培训办法、奖惩措施、信用管理等规范，以加强对赛事活动的事中及事后监管。经过为期半年的充分调研，在总结中国体育舞蹈联合会多年办赛经验的基础上，结合全民健身市场的大需求出版本书，力求有利于构建赛事体系，规范有序地运行赛事，合理、合法地举办赛事，严谨细致地评估赛事。

本书主要内容：

一、中国体育舞蹈联合会办赛指南。本章以赛事筹备组织工作的时间为脉络，从赛事主办方、承办方的角度出发，包含赛事申办、赛事筹办、赛事组织实施和赛事收尾四个部分。本章重点阐述赛事运作各阶段的流程、内容及注意事项等，并将中国体育舞蹈联合会的赛事相关文件以及赛事运行的相关文本作为附录，为体育舞蹈赛事标准化运行提供参考和模板。

二、中国体育舞蹈联合会参赛指引。本章从参赛方的角度设计参赛指引，由赛前准备和赛中参赛指导两个部分组成。重点论及参赛选手赛前注册报名及缴费工作、参赛流程、参赛选手相关规定和要求以及参赛选手权益保障等，为参赛主体健康、科学且安全地参加赛事提供指引和保障。

三、中国体育舞蹈联合会赛事活动评估。本章从赛事评定的角度依据国家体育总局关于体育赛事监管的具体意见及要求，针对目前中国体育舞蹈联合会体育舞蹈赛事举办中出现的问题进行调研，制订了对中国体育舞蹈联合会赛事相关利益主体的评估标准，本章重点阐述了体育舞蹈赛事活动等级的评定制度、赛事评估及赛事信用等级评定的相关规定，以此加强中国体育舞蹈联合会体育舞蹈赛事的管理。

四、中国体育舞蹈联合会拓展项目赛事。为配合体育舞蹈健身市场及世界体育舞蹈联合会已开展项目，中国体育舞蹈联合会拟在改革后拓展广受欢迎的比赛项目，以补充竞赛资源、丰富全民健身内容。本章重点对下个阶段工作中五个待拓展项目赛事进行了舞种介绍和比赛规则说明，使读者对拓展项目有大致的了解，以激发参与兴趣，为今后的赛事项目推广打下基础。

本书基于体育舞蹈办赛规律和中国体育舞蹈联合会的办赛经验，从体育赛事的共性以及体育舞蹈赛事的特性上梳理出具有实践指导意义的体育舞蹈赛事指南，这也是中国体育舞蹈联合会第一本正式出版的赛事运行管理手册。本书内容全面且具体，涉及赛事的各个层面，对主办方、承办方、参赛方、赛事媒体、赞助商、主办地政府等相关利益主体进行规范，此外还考虑到今后赛事项目的开发，提前规划；在赛事评估方面，吸取了大量的其他具有良好社会效益和经济效益赛事的评估经验，从制定文件入手，旨在推动中国体育舞蹈联合会以“服务型”的管理方式促进体育舞蹈赛事的市场化规范有序的发展，以保持和提升中国体育舞蹈联合会在同质化行业内的竞争力和优势；在赛事信用建设方面，从问题入手，厘清问题产生的原因，依据上位法和管理条例进行相应的规章制度以及评估措施的建设，这在国内的单项体育组织中尚属第一个。

本书的特色之处：赛事各阶段均有清晰流程图，并对各个环节进行了细节说明，且附有规范的赛事文件。从各个角度呈现体育舞蹈赛事的运行管理，且能依据此书的流程进行中国体育舞蹈联合会各级赛事统一规范的实践操作，有利于体育舞蹈赛事品牌化的形象推广。

本书是在北京体育大学青年资助课题（课题编号：2018TD007）的基础上，针对中国体育舞蹈联合会赛事改革进行的重点研究，在此对北京体育大学的资助表示由衷的感谢。此外，在研究该课题的过程中，得到国家体育总局社会体育指导中心副主任尹国臣（兼任中国体育舞蹈联合会会长）、中国体育舞蹈联合会秘书长苏洁、中国体育舞蹈联合会竞赛委员会所有成员（张建新、段刚、莫德宜、姚立能、任荣升、徐李斌、程谊、徐李芳）和中国体育舞蹈联合会的现任三位裁判长（张清澍、沈毅、张晓东）的大力支持，研究生崔特特、张颖、许佳慧对赛事现场做了大量的调研和资料搜集，对他们提供的无私帮助与努力付出表示由衷的感谢！最后，本书参考了大量世界体育舞蹈联合会官方文件以及国内外相关体育赛事的图书文献，这些文献资料为本书提供了研究思路和写作范式，在此对所有参考文献的作者表示由衷的感谢！本书撰稿完成人为李小芬、苏洁、崔特特。

本书可以作为中国体育舞蹈联合会参与体育舞蹈赛事的各个主体方的理论研究和实务操作的专业参考书，也可以作为高等院校体育舞蹈学科建设的辅助阅读材料。

体育舞蹈赛事的市场生机勃勃。到目前为止，国内该行业从培训市场到竞赛市场一直都竞争激烈。中国体育舞蹈联合会凭借其良好的组织能力，依法依章的办赛行为，成为行业内竞相模仿的对象。然而，要把这一套成熟的经验归纳整理并上升到理论体系，尚属于一个全新的研究领域。我们希望以自己在行业内的丰富经验及研究成果，为体育舞蹈赛事的理论研究做出自己应有的贡献。但由于水平有限，部分内容难免存在缺点和不足，欢迎广大读者和同行批评指正。

CONTENTS 目录

第一章　中国体育舞蹈联合会办赛指南

本章提要

本章以赛事筹备组织工作的时间为脉络，依据赛事运作的四个阶段进行编排。重点阐述了体育舞蹈赛事申办、筹办、组织实施和收尾过程中的工作流程、工作内容及注意事项等，并将中国体育舞蹈联合会相应的操作文件附后。

关键术语

体育舞蹈赛事申办、体育舞蹈赛事筹办、体育舞蹈赛事组织实施、体育舞蹈赛事收尾

第一节　体育舞蹈赛事申办

一、体育舞蹈赛事申办流程

体育舞蹈赛事申办流程见图 1-1。

1. 中国体育舞蹈联合会于每年11—12月讨论并制订来年中国体育舞蹈联合会国际一级、二级体育舞蹈赛事年度计划。

↓

2. 中国体育舞蹈联合会根据体育舞蹈赛事年度计划，在官方网站发布赛事活动推介招标公告。
   - 赛事活动推介招标的公告网站：http://www.cdsf.org.cn/。
   - 赛事活动推介招标的公告内容：招标会时间、招标书、赛事申办意向书模板等。
   - 赛事活动推广方案、推介招标书：见附件1-1-1、附件1-1-2。

↓

3.中国体育舞蹈联合会召开赛事招标会，意向申办单位向中国体育舞蹈联合会提交赛事申办意向书并洽谈相关事宜。

↓

4.中国体育舞蹈联合会召开评定会议，秉承公开、公平、公正原则，投选赛事承办单位，并在官方网站http://www.cdsf.org.cn/ 上公示。

↓

5.公示期满无异议后，中国体育舞蹈联合会与承办单位签署赛事承办协议。

图 1-1　体育舞蹈赛事申办流程图

二、体育舞蹈赛事申办细则

（一）中国体育舞蹈联合会公布年度赛事计划

中国体育舞蹈联合会于每年 11—12 月讨论并制订来年中国体育舞蹈联合会国际一级、二级体育舞蹈赛事年度计划，见表 1-1，将赛事主要计划公布于官方网站（http：//www. cdsf. org. cn/）。其中，赛事活动主要有中国体育舞蹈公开系列赛分站赛、中国体育舞蹈公开系列赛总决赛、全国青少年体育舞蹈锦标赛、全国体育舞蹈锦标赛、全国健身交谊舞锦标赛、世界职业拉丁舞锦标赛、拉丁舞/标准舞世界杯等。

表 1-1　2018 年中国体育舞蹈联合会赛事计划表（示例）

序号	赛事活动/工作事项	时间	地点
1	中国体育舞蹈公开系列赛第一站	4 月 21—22 日	武汉
2	中国体育舞蹈公开系列赛第二站	5 月 12—13 日	昆明
3	中国体育舞蹈公开系列赛第三站	6 月 23—24 日	上海
4	中国体育舞蹈公开系列赛第四站	9 月 15—16 日	北京
5	中国体育舞蹈公开系列赛第五站	10 月 20—21 日	温州
6	中国体育舞蹈公开系列赛总决赛	12 月 15—16 日	淳安
7	全国青少年体育舞蹈锦标赛	7 月 14—16 日	佛山
8	全国体育舞蹈锦标赛	11 月 22—25 日	长沙
9	全国健身交谊舞锦标赛	10 月 13—14 日	瓮安
10	世界职业拉丁舞锦标赛	5 月 5—6 日	石家庄
11	拉丁舞/标准舞世界杯	9 月 8—9 日	成都
12	世界体育舞蹈联合会大奖赛总决赛	12 月 8—9 日	上海

（二）发布赛事活动推介招标公告

中国体育舞蹈联合会公布年度赛事计划后，于中国体育舞蹈联合会官方网站（http：//www. cdsf. org. cn/）发布赛事活动推介招标公告，以欢迎政府机关、企事业单位、社会团体等申办体育舞蹈赛事活动。推介招标公告的内容包括推介招标会的召开时间、地点及注意事项等。

（三）召开中国体育舞蹈联合会赛事招标会

中国体育舞蹈联合会依据发布的中国体育舞蹈联合会赛事活动推介招标公告上时间及地点要求，召开赛事招标会。与会申办单位向中国体育舞蹈联合会提交赛事申办意向书并洽谈具体事宜，招标原则为具备赛事承办要求且有体育舞蹈赛事举办工作经验的单位优先。

（四）召开中国体育舞蹈联合会招标评定会议

中国体育舞蹈联合会赛事招标会结束后，召开中国体育舞蹈联合会招标评定会议，秉承公开、公平、公正原则，对招标会各申办单位情况进行综合评估和审核，投选出适合的赛事承办单位，在中国体育舞蹈联合会官方网站（http：//www. cdsf. org. cn/）进行公示。

（五）公示结束后与承办单位签署承办协议

公示期结束后，若对公示结果无异议，则中国体育舞蹈联合会与承办单位签署承办协议。

附件 1-1-1　中国体育舞蹈联合会体育舞蹈赛事推广方案

一、中国体育舞蹈发展介绍

体育舞蹈是国际奥林匹克单项体育项目之一，WDSF（Word Dancesport Federation，世界体育舞蹈联合会）负责推动和发展全世界的体育舞蹈事业，CDSF（China Dance Sport Federation，中国体育舞蹈联合会）是体育舞蹈在中国的唯一国家级协会，负责推动和管理中国体育舞蹈事业的发展。

体育舞蹈在中国的发展已有30多年历史，体育舞蹈的参与者由当初的几百人发展到现在的4000万~5000万人。体育舞蹈项目完全是靠市场化运作成熟起来的，发起在民间，发展在市场。在国家将全民健身作为国家战略后，体育舞蹈成为了全民参与的较受欢迎的体育项目之一。

这是一个潜在的影响力巨大的市场，全国各地都有不同级别的体育舞蹈赛事活动，还有从事教学的学校、俱乐部。据统计，全国有80多所大学院校设立了体育舞蹈专业，包括北京舞蹈学院、北京体育大学、西安体育学院、浙江大学、天津体育学院、广州体育学院、四川大学、吉林大学等知名院校。基层体育舞蹈俱乐部、舞蹈工作室多如繁星，有30万家左右。

体育舞蹈自身已经形成了一整套完整成熟的产业链：从初学舞蹈到教学、培训、明星表演、电视台演出、庆典活动、成立专业学校、组织各个级别的比赛(国内和国际)、服装、舞鞋、音像制品、专业综合网站、互联网+体育舞蹈、教材发行、杂志出版、品牌广告、国际交流等，已经形成了清晰的产业发展链。现在又引进了互联网+的云管理系统和新媒体全程网络直播赛事的合作，这将助力体育舞蹈产业更上一个台阶。

杭州已经获得了2022年第19届亚运会的举办资格，其中，体育舞蹈是中国代表队的优势项目，体育舞蹈也一定会再次为国争光。

二、中国体育舞蹈赛事介绍

目前，中国体育舞蹈联合会管理着全国锦标赛、精英赛、青少年锦标赛、全国体育舞蹈俱乐部联赛等传统赛事。对2014—2016年的赛事进行统计，每场国家赛事参赛人数都在2000~4000人，全国锦标赛更是有6000多名选手参赛。

自2016年，按照中国体育舞蹈联合会新的竞赛体系，所有赛事被划分为国际、全国、地方三个层级。

（1）一级赛事：WDSF在中国主办的国际赛事，例如：WDSF世界拉丁舞锦标赛、世界表演舞锦标赛。

（2）二级赛事：CDSF在中国主办的全国体育舞蹈赛事，包括中国体育舞蹈公开系列赛、全国体育舞蹈锦标赛等，如下所列：

××××年全国体育舞蹈锦标赛

××××年全国青少年体育舞蹈锦标赛

××××年中国体育舞蹈公开系列赛（××站）共5站

××××年中国体育舞蹈公开系列赛总决赛

（3）三级赛事：CDSF确认的各省市举办的允许挂“中国”字样的赛事。相应组别的成绩将列入CDSF年度竞赛积分。例如：

“××杯”2018年中国体育舞蹈俱乐部联赛总决赛

2016年中国·杭州体育舞蹈全国公开赛

2017年中国·海南体育舞蹈全国公开赛

（4）四级赛事：CDSF会员——各省市协会自己组织的体育舞蹈赛事。

三、赛事操作流程

各地政府或企业承办的全国性体育舞蹈比赛均受到当地政府和群众的欢迎，极大地丰富了当地文化体育项目和民间健身活动，带动了当地体育舞蹈产业和市场的大发展。根据当地城市的发展特点，可以组织开展不同类别的体育舞蹈赛事，搭建良好的体育舞蹈平台，打造城市名片。对于旅游产业发达的地区，组织体育舞蹈赛事，能吸引全国各地的体育舞蹈爱好者前来参赛、旅游、品尝美食。

在获得当地政府政策、经费支持的情况下，可以承办国际体育舞蹈赛事或者中国体育舞蹈联合会直接主办的一级、二级赛事。

三级赛事是由中国体育舞蹈联合会确认，地方政府或者体育总会主办的体育舞蹈赛事。这里主要介绍中国体育舞蹈联合会三级赛事的具体操作流程：

（1）政府支持，落实经费。可以采取政府购买服务或直接主办、企业冠名或组委会自筹经费等形式；

（2）落实承办主体。承办主体可以是体育局、体育舞蹈协会、有法人资格的企业或俱乐部；

（3）制定竞赛规程和设项，确定比赛日期；

（4）预订赛事所需的体育馆；

（5）向中国体育舞蹈联合会提出确认申请；

（6）广告招商；

（7）动员参赛队伍和组织报名；

(8) 赛事组织实施;

(9) 赛事善后等。

四、办赛经费

赛事规模不同，所需经费也不尽相同，但都要保证赛事品质。

一级赛事，即国际赛事所需经费350万~400万元。二级赛事，CDSF主办的全国锦标赛赛事所需经费300万元左右；全国公开系列赛赛事需要经费170万~200万元；总决赛所需经费120万元左右。三级赛事，即省市主办、CDSF确认的赛事需要经费50万元左右。

以二级赛事（2天）为例，预算科目和数额见表1。

表1 二级赛事（2天）预算表

序号	内容	预算费用（万元）	备注
1	立项筹备	3	
2	安保	10	
3	体育馆租金（3天）	15~30	各地不同
4	灯光音响	15	各地不同
5	设计物料	8	
6	奖金	25~28	
7	裁判竞赛劳务费、机票	20	劳务费按30人，每人5000元计算
8	酒店及接待	20	
9	志愿者（80人）	5	
10	新闻媒体（5人）	12	
11	表演嘉宾（2对）	9	
12	不可预见	10	
13	总计	约170	

中国体育舞蹈公开系列赛已连续举办8年，是中国体育舞蹈联合会精心打造的

最具权威性、最具影响力、最具有品牌价值的高规格精品赛事，全部赛事为“5+1”，即全年5个分站赛加1个总决赛。总决赛在每年的12月中旬举办，地点以南方城市为宜。

因为赛制的原因，总决赛的参赛运动员是5个分站赛中积分排名靠前的选手，即职业组前12名，A组、青年组排名前24名，共计240人（A组和青年组选手会有兼项，按照以往经验，实际人数在160人左右）。可以说总决赛是中国体育舞蹈精英选手聚集展示的盛大典礼。

以总决赛1天为例，预算见表2。

表2　总决赛（1天）预算表

序号	内容	预算费用（万元）	备注
1	立项筹备	3	
2	安保	3~5	
3	体育馆租金（2天）	5	各地不同
4	灯光音响	20~25	各地不同
5	设计物料	3	
6	奖金	25	2017年是21万元
7	裁判竞赛劳务费	10	劳务费按20人，每人5000元计算
8	酒店及接待	15~20	
9	志愿者（30人）	1	
10	新闻媒体（5人）	2.5	
11	世界冠军表演（2对）	9	
12	不可预见	5	
13	总计	110~120	

赛事所有筹备工作由承办单位负责，包括招商及培训志愿者。

竞赛经费主要用于体育馆租用及布置、竞赛裁判食宿及劳务费、重要组别选手奖金、志愿者、安保、接待、广告宣传、证书奖杯制作、电视台转播等。

承办单位收入：赞助冠名、参赛服务费（报名费）。

体育馆条件：需要可容纳4500人左右的体育馆。

四、关于总冠名商与赞助商的关系

如果承办单位有大的企业参与冠名，可以在承办总决赛的同时，附加举办×××杯2018年中国体育舞蹈俱乐部联赛总决赛，宣传上可以巧妙制造热点。或者同时举办×××杯2018年中国·海南体育舞蹈全国公开赛暨国际邀请赛等，以解决冠名商回报和参赛人数规模问题。

有意承办中国体育舞蹈全国或国际赛事的单位，需提前6个月立项，这样才能保证落实招商引资，确定冠名。

具体承办事宜可以随时联系中国体育舞蹈联合会。

附件1-1-2　中国体育舞蹈联合会体育舞蹈赛事推介招标书

一、中国体育舞蹈公开系列赛

中国体育舞蹈公开系列赛推介招标书（以2018年为例）见表1。

表1　中国体育舞蹈公开系列赛推介招标书

赛事介绍	中国体育舞蹈公开赛创立于2009年，由5个分站赛和1个总决赛组成。分站赛接受全国体育舞蹈爱好者报名参赛，总决赛由在5个分站赛中获得积分最高的24对或12对选手参加。该赛事从每年4月开始，贯穿全年，是我国体育舞蹈的重要品牌赛事，每年体育舞蹈公开系列赛在不同地点举办，参与人数达万人以上，间接参与人数更是多达数十万，对推动各地体育舞蹈的普及与提高，促进各地全民健身活动的深入开展发挥了独特的作用。

续表

时间安排	第一站	2018 年 4 月（竞赛时间 2 天）。
	第二站	2018 年 5 月（竞赛时间 2 天）。
	第三站	2018 年 6 月（竞赛时间 2 天）。
	第四站	2018 年 9 月（竞赛时间 2 天）。
	第五站	2018 年 10 月（竞赛时间 2 天）。
	总决赛	2018 年 12 月（竞赛时间 2 天）。
承办条件	承办资质	1. 政府部门或具有独立法人资格的公司、社会团体； 2. 无不良信息记录。
	活动保障	1. 1 个功能设施齐全、有 3000~6000 个座位、带副馆的体育馆； 2. 灯光、音响、木制地板等符合中国体育舞蹈联合会竞赛要求； 3. 体育馆周边饭店房间充足且交通便利； 4. 具有大型体育活动策划、执行经验，具有中国体育舞蹈联合会主办的全国性体育舞蹈赛事运营经验的优先； 5. 赛事费用由广告权益转让费、技术服务费、赛事运营费三部分构成，由承办方承担，金额根据具体情况确定； 6. 如有总冠名，应按主办方承诺的回报条件及总冠名商的要求做好宣传工作。
技术服务	活动组织	1. 场地勘察、规划； 2. 组织机构、工作方案确定； 3. 竞赛规程、通知的编写、印发； 4. 组织运动队参赛报名及资格审查； 5. 仲裁、裁判选调，辅助裁判、志愿者培训； 6. 赛程编排、场地功能划分及氛围营造方案制订； 7. 邀请嘉宾； 8. 组织领队、裁判联席会会议； 9. 赛事总结及资料收集； 10. 其他事宜。
	新闻宣传	协调赛事综合新闻宣传、新媒体报道等。

续表

运营经费	主办划拨	无。
	承办包干	每站约 120 万元。
承办程序	申办报名	承办单位填写申办意向书，在会议现场或通过电话、传真、邮寄等渠道提交，截止时间为 2018 年 1 月 31 日。
	评审确认	召开赛事评审会，承办单位陈述，评审组提出建议，报社会体育指导中心确认。
	网上公示	确认承办单位后在社会体育指导中心网站及相关协会网站公示。
	合同签订	网上公示无异议后签订赛事合同。
联系方式	单　　位	中国体育舞蹈联合会秘书处。
	地　　址	北京市东城区体育馆路 9 号 226 室。
	联 系 人	陈思。
	联系方式	电话：010-67183764；传真：010-67133577； 邮箱：chinadance@ vip. sina. com。

二、全国体育舞蹈锦标赛

全国体育舞蹈锦标赛推介招标书（以 2018 年为例）见表 2。

表 2　全国体育舞蹈锦标赛推介招标书

赛事介绍		全国体育舞蹈锦标赛是我国规模最大、影响最广、水平最高，也最具权威性的体育舞蹈赛事，已连续举办 27 届，每年参与人数多达 7000~8000 人次，是全民参与性得到最好诠释的体育舞蹈赛事。
时间安排		2018 年 11 月（竞赛时间 4 天）。
承办条件	承办资质	1. 政府部门或具有独立法人资格的公司、社会团体； 2. 无不良信息记录。
	活动保障	1. 1 个功能设施齐全、有 5000~8000 个座位、带副馆的体育馆； 2. 灯光、音响、木制地板等符合中国体育舞蹈联合会的竞赛要求； 3. 体育馆周边饭店房间充足且交通便利；

续表

承办条件	活动保障	4. 具有大型体育活动策划、执行经验，具有中国体育舞蹈联合会主办的全国性体育舞蹈赛事运营经验的优先； 5. 赛事费用由广告权益转让费、技术服务费、赛事运营费三部分构成，由承办方承担，金额根据具体情况确定。
技术服务	活动组织	1. 场地勘察、规划； 2. 组织机构、工作方案确定； 3. 竞赛规程、通知的编写、印发； 4. 组织运动队参赛、报名及资格审查； 5. 仲裁、裁判选调，辅助裁判、志愿者培训； 6. 赛程编排、场地功能划分及氛围营造方案制订； 7. 邀请嘉宾； 8. 组织领队、裁判联席会会议； 9. 赛事总结及资料收集； 10. 其他事宜。
	新闻宣传	协调赛事综合新闻宣传、新媒体报道等。
运营经费	主办划拨	无。
	承办包干	约 300 万元。
承办程序	申办报名	承办单位填写申办意向书，在会议现场或通过电话、传真、邮寄等渠道提交。截止时间为 2018 年 1 月 31 日。
	评审确认	召开赛事评审会，承办单位陈述，评审组提出建议，报社会体育指导中心确认。
	网上公示	确认承办单位后在社会体育指导中心网站及相关协会网站公示。
	合同签订	网上公示无异议后签订赛事合同。
联系方式	单位	中国体育舞蹈联合会秘书处。
	地址	北京市东城区体育馆路 9 号 226 室。
	联系人	陈思。
	联系方式	电话：010-67183764；传真：010-67133577； 邮箱：chinadance@ vip. sina. com。

附件 1-1-3 中国体育舞蹈联合会俱乐部联赛申办（模板）

中国体育舞蹈联合会关于申办 2019 年中国体育舞蹈俱乐部联赛有关事宜的通知

各有关单位：

为进一步发挥体育舞蹈在促进全民健身活动深入开展中的积极作用，充分调动各地体育舞蹈俱乐部推动体育舞蹈普及与开展的积极性，构建多层次体育舞蹈区域竞赛体系，整合体育舞蹈竞赛资源，现将 2019 年中国体育舞蹈联合会俱乐部联赛有关事宜通知如下：

一、赛事名称

2019 年中国体育舞蹈俱乐部联赛（××站）

二、申办条件及要求

1. 原则上每年举办若干分站赛和 1 个总决赛。

2. 办赛主体应为各省、自治区、直辖市、行业体育舞蹈协会法人单位。

3. 办赛单位应主动向上一级体育舞蹈协会报备，确保全部办赛经费及时到位。

4. 办赛单位应制定赛事安全预案并报当地政府有关部门批准，确保比赛安全顺利进行。

5. 各分站赛必须按中国体育舞蹈联合会发布的竞赛规程模板和比赛规定设项。可适当增加具有当地特点的设项。相关竞赛规程和设项须提前 3 个月报中国体育舞蹈联合会秘书处，临时提出申请的不予受理。

6. 各分站赛应选派不少于 5 名国家级裁判员执裁，具有国家级以上裁判员资格的方可担任裁判长。由承办单位推荐大名单，中国体育舞蹈联合会负责调整和选调。

7. 请申办 2019 年中国体育舞蹈俱乐部联赛的单位于赛前 3 个月将申办函（申办表见表 1）与竞赛规程、设项一并报送中国体育舞蹈联合会秘书处邮箱：china-dance@ vip. sina. com。

表1　中国体育舞蹈俱乐部联赛申办表

<table>
<tr><td>单位名称</td><td colspan="3"></td></tr>
<tr><td>联系人</td><td></td><td>电　话</td><td></td></tr>
<tr><td>传　真</td><td></td><td>Email/QQ</td><td></td></tr>
<tr><td>承办体育舞蹈
比赛情况</td><td colspan="3"></td></tr>
<tr><td>申办内容</td><td colspan="3">1. 办赛时间：　　年　月　日至　　日
2. 办赛地点：
3. 办赛规模：　　　队，约　　　人。</td></tr>
<tr><td>主办单位</td><td colspan="3"></td></tr>
<tr><td>承办单位</td><td colspan="3"></td></tr>
<tr><td>申办承诺</td><td colspan="3">本单位将严格按照中国体育舞蹈联合会有关竞赛要求，认真筹备、科学管理、严密组织，确保比赛安全举行。

（申办单位公章）
年　月　日</td></tr>
</table>

三、上报总结

请各承办单位在比赛结束后10个工作日内将电子秩序册、电子成绩册、赛事总结以及比赛有关图片、音像资料报中国体育舞蹈联合会秘书处。

中国体育舞蹈联合会

2019年3月4日

第二节　体育舞蹈赛事筹办

一、赛前筹备阶段主办单位、承办单位的工作流程

体育舞蹈赛事赛前筹备阶段主办单位、承办单位的工作流程见图 1-2。

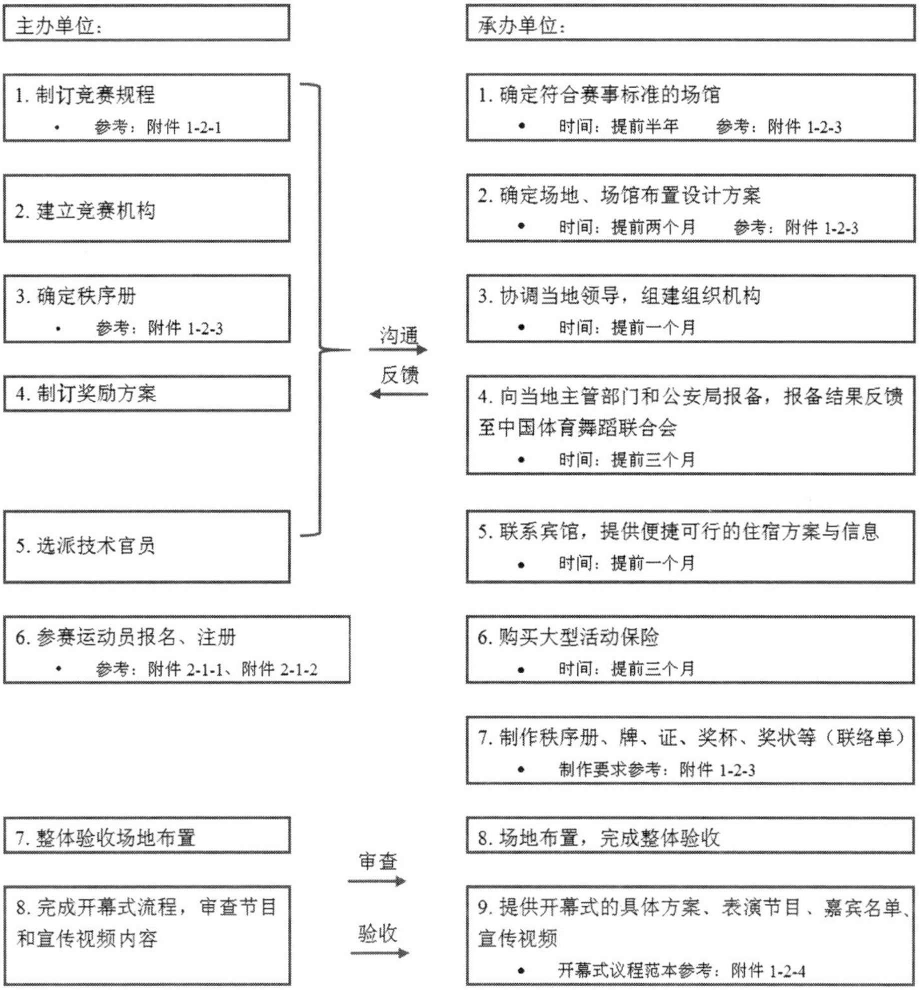

图 1-2　体育舞蹈赛前筹备主办单位、承办单位工作流程

二、主办单位筹备工作内容

（一）制订竞赛规程

由主办单位制订竞赛规程（模板见附件 1-2-1），并向承办单位征求意见，修订后由主办单位公布及下发。竞赛规程包含但不限于以下内容：赛事全称和简称、竞赛日期和地点、竞赛设项、参加单位、选手参赛资格、参赛办法、竞赛办法、录取与奖励办法、报名和报道、未尽事宜和规程解释权等。

（二）建立竞赛机构

体育舞蹈竞赛组织机构图见图 1-3。

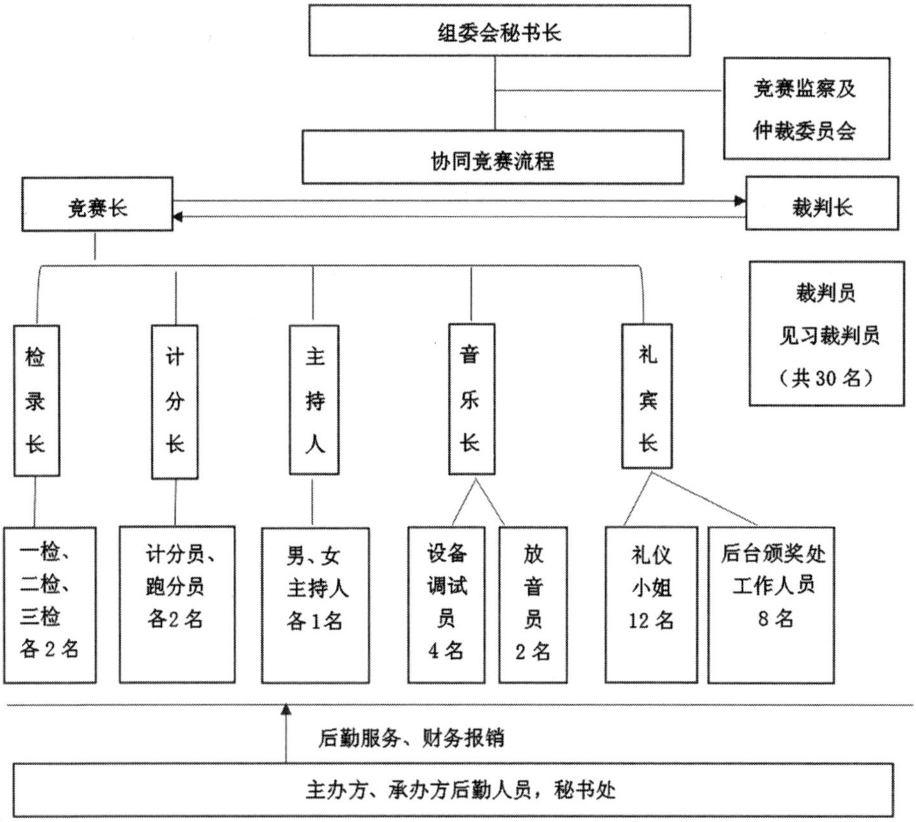

图 1-3 体育舞蹈竞赛组织机构图

1. 组委会

组委会可邀请主办单位、承办单位相关领导及其主管部门领导、比赛赞助单位领导和社会有影响人士担任职务，可设名誉主任、顾问、主任、执行主任、副主任、秘书长、若干委员等。

2. 竞赛监察及仲裁委员会

竞赛监察与仲裁委员会通常由主办单位、承办单位项目负责人及业内资深权威人士和技术官员组成。全面负责监督与赛事相关的所有工作，负责处理比赛中各代表队提出的申诉，处理与比赛有关的各类突发事件、各竞赛部门人员和选手的违纪、违规等问题。

3. 裁判委员会

裁判委员会由裁判长、副裁判长、国际特邀裁判员、国内裁判员等组成。

4. 竞赛委员会

竞赛委员会设竞赛主任1名，通常也称为竞赛长。主要负责竞赛各项筹备工作和后台运行，检查下属各部门的工作情况，协调组委会、裁判长、检录长、计分长、礼宾长及主持人之间的各项工作，是起到穿针引线作用的关键人物。竞赛委员会也是整个竞赛工作的核心部门。

（三）确定秩序册

秩序册须由主办单位审定，要求色调明快、时尚；内容准确、清楚，便于查找使用；广告版面提前进行招商。

基本内容如下：

- 封面、封底设计：CDSF 标识，比赛名称（中英文），主办方、协办方名单，即时成绩公布二维码等；
- 领导题词：题字、照片；
- 比赛批复文件；
- 竞赛规程、设项；
- 大会日程安排；
- 组委会及办事机构名单；

- 竞赛机构名单：仲裁委员会、资格审查委员会、竞赛委员会（要配近期头像彩照）、裁判委员会（要配近期头像彩照）、新闻委员会、后勤保障等人员；
- 年度中国公开系列赛排名风云榜；
- 赛程表；
- 代表队名单；
- 运动员分组表（按照号码顺序排列，并据此编排组别）；
- 体育馆平面图及观众、嘉宾、选手路线图；
- 各类广告彩页（提前征集，可通过联合会动员全国及国际选手、俱乐部、学校等做广告）；
- CDSF 慰问信。

（四）制订奖励方案

由主办单位制订选手的奖金额度及参加单位突出贡献奖的奖励办法。

（五）选派技术官员

根据《体育舞蹈裁判员管理办法》（见附件 1-3-3）第五章裁判员选派办法，体育舞蹈赛事技术官员选派由赛事主办单位负责（技术官员选派函见附件 1-2-2），具体要求如下：

第三十三条：全国性体育舞蹈竞赛的临场技术代表、仲裁、裁判长、副裁判长、主裁判员须由国际级、国家级裁判员担任，其他裁判员的技术等级应为一级以上。

第三十四条：在国内举办的国际体育舞蹈竞赛，由中国体育舞蹈联合会按照国际体育舞蹈组织的要求选派裁判员；在境外举办的国际体育舞蹈竞赛，由中国体育舞蹈联合会向国际体育舞蹈组织推荐裁判员。

第三十五条：中国体育舞蹈联合会负责选派裁判员参加全国性体育舞蹈竞赛的裁判工作；各级地方体育舞蹈协会或相关单位选调国际级或国家级裁判员参加本地区或本单位体育舞蹈竞赛须向中国体育舞蹈联合会备案。

第三十六条：各地举办的体育舞蹈竞赛的临场技术代表、仲裁、裁判长、副裁判长、主裁判员、其他裁判员的选派条件，由同级政府体育主管部门或地方体育舞蹈协会做出规定。

第三十七条：全国性和地方性体育竞赛的裁判员选派应当遵循以下原则：公开，择优，中立。

（六）参赛运动员报名、注册

主办单位负责参赛运动员的报名及注册工作，参赛运动员报名及注册流程详见本书第二章内容。

（七）整体验收场地布置

主办单位依据《中国体育舞蹈联合会竞赛技术要求》（附件 1-2-3）审查验收赛事承办单位的场地布置工作。

（八）确定开幕式流程

主办单位负责开幕式流程的验收工作，审查节目和宣传视频的内容等。

三、承办单位筹备工作内容

（一）联系并确定符合赛事标准的场馆

承办单位须提前半年以上联系符合赛事标准的场馆。场馆的功能性设备须包括指挥系统、比赛显示及控制系统、赛事成绩处理系统、仲裁录像系统、网络与通信系统、计算机信息系统、消费报警系统、温控系统、安保监控系统等。由场馆负责联系安保及消防，并承担相应的费用（场地相关要求标准见附件 1-2-3）。

（二）确定场馆布置设计方案

承办单位须提前两个月依据赞助单位和中国体育舞蹈联合会的要求准备场馆布置设计方案，其设计标准须符合中国体育舞蹈联合会竞赛技术要求。

（三）组建组织机构

承办单位须提前一个月，协调组建赛事组织机构。

（四）赛事报备

承办单位须提前一个月向赛事举办地主管部门和公安部门报备，并将报备结果反馈至中国体育舞蹈联合会。

（五）联系宾馆

提供便捷可行的住宿方案与信息。

（六）赛事经费预算

具体请见附件 1-1-1“四、办赛经费”中的内容。

（七）制作秩序册、牌、证、奖杯、奖状等

1. 竞赛秩序册

竞赛秩序册由当地承办单位负责设计排版，排版后必须发给中国体育舞蹈联合会竞赛委员会审查，审定后方可交付印刷。按照代表队总人数的 50% 计算印刷数量，即 2000 对次参赛选手需要 1000 本左右，可视实际情况适当减少。

2. 制作选手背号、奖杯、奖状、裁判胸牌等

承办单位负责制订颁奖工作实施方案和颁奖仪式程序；负责统计奖品种类及各类奖项数量，准备颁奖辅助用品；提出奖杯、证书的设计方案并进行制作，由中国体育舞蹈联合会验收。制作工作须在赛事开始前半个月完成，证书需包含中国体育舞蹈联合会的年度编码。背号、奖杯、奖状、裁判胸牌的制作要求见附件 1-2-3。

（八）场地验收

承办单位须于赛事前 1~2 天依据场馆布置方案对比赛场馆进行布置，中国体育舞蹈联合会负责整体验收。

（九）制订开幕式具体方案

承办单位须于赛前制订开幕式的具体工作方案，确定参加开幕式的嘉宾名单，安排开幕式的表演节目，并对开幕式宣传视频进行审查。开幕式程序安排如下：

（1）由组委会确定开幕式程序。

（2）程序流程：

- 提前布置好主席台座席、鲜花和无线麦克或立式麦克（确定数量和位置），并确保讲话的嘉宾知晓。主席台上摆放桌布、桌签、秩序册、开幕式议程单、讲话稿、矿泉水或茶水等；
- 由主办单位指定开幕式主持人，要严格按照开幕式议程进行；
- 中国体育舞蹈联合会会旗、代表队引导牌入场；
- 介绍嘉宾；
- 全体起立奏唱国歌（大屏幕显示国旗或者升国旗）；
- 承办单位领导致欢迎词；
- 赛事冠名企业领导致辞；
- 运动员代表宣誓；
- 裁判员代表宣誓；
- 组委会领导为赞助企业授突出贡献奖牌匾；
- 宣布比赛开幕（摸彩球或大屏幕摸手印）；
- 开幕式文艺表演（或者世界冠军表演）；
- 组委会领导为裁判员和竞赛官员授纪念牌；
- 比赛开始。

（3）提前选择开幕式各环节需要的音乐，并制订播放音乐的方案。

（4）提前制订和演练开幕式和表演的灯光运用方案。

（5）不断确认、落实到场嘉宾的姓名、具体职务、到达具体时间等。

（6）开幕式特别要注意礼仪细节。

（7）开幕式议程范本见附件 1-2-4。

（十）竞赛工作项目筹备流程

承办方需按照要求，严密组织，精心策划，有序协调地开展比赛的各项筹备工作。采用表格管理是比较直观和有效的科学管理办法。全国各类比赛通常赛期为 2~3 天，分为筹备期、比赛期、结束期。竞赛工作项目筹备流程图见图 1-4。

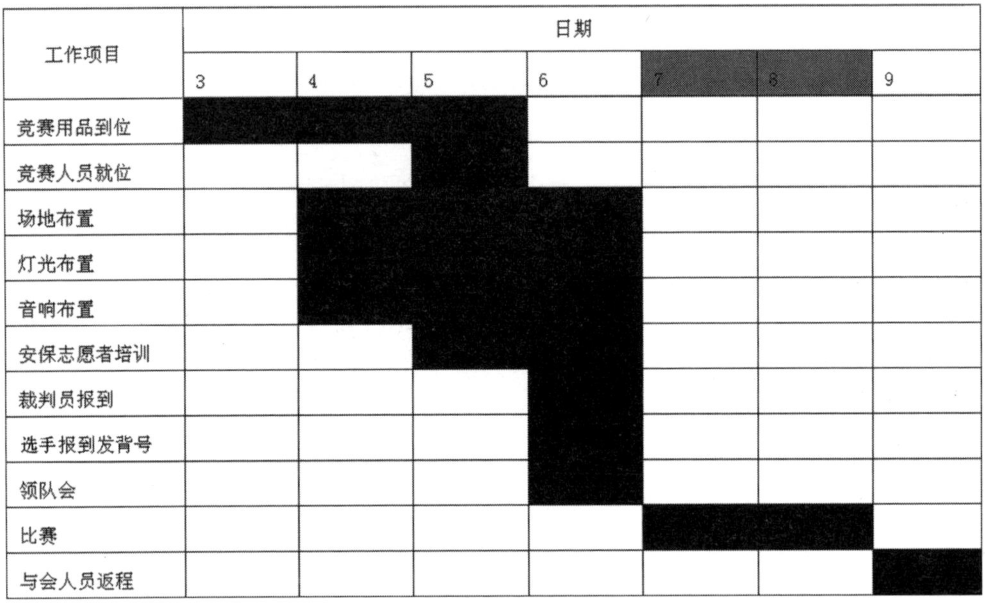

图 1-4　竞赛工作项目筹备流程图

四、赛事宣传筹备工作

体育舞蹈赛事的宣传筹备工作通常包括：

（1）制订赛事宣传总体工作计划和阶段性工作实施方案。

（2）根据各阶段筹备工作的重心逐步建立健全宣传部门组织结构，配备工作人员。

（3）设计、推广统一的赛事品牌形象。

（4）召开宣传工作会议，协调赛事管理机构各部门开展宣传工作。

（5）召开新闻发布会，组织各类媒体分阶段进行专题性集中报道。具体工作流程及事宜如下：

①新闻发布会由主办单位负责组织，包括邀请有关嘉宾，落实会场和会场布置、会议程序、新闻通稿核审、礼品等（新闻发布会召开要求见附件 1-2-3）。

②准备新闻发布会的会议议程，并提前落实发言嘉宾。

③有表演项目的要提前审定。

④检查麦克数量和通话质量。

⑤做好安全检查工作，确保人员疏散、舞台、电路、交通、彩球或彩花等安全。

（6）定期收集、整理并向媒体提供赛事宣传报道素材。

（7）为参与赛事的各类媒体提供设施、设备等技术保障与服务。

（8）监测媒体对赛事的报道情况，尤其警惕失实或者负面报道；做好宣传报道资料的存档备份工作。

（9）对比赛场馆进行宣传环境布置。

（10）建设和管理赛事新闻中心，完善比赛场馆的媒体服务设施。

（11）组织赛事相关的表彰、评奖活动。

（12）赛事结束后进行宣传工作的总结。

（13）赛事宣传推广中电子媒体、新媒体、广告和赞助等相关要求详见附件1-2-5。

五、赛事后勤保障工作

（一）办公协调工作

办公协调工作包含制定规章、制度、规则，管理赛事文书，组织各类会议，综合协调工作。

（二）财务工作

财务工作包含整体筹划、预算编制、收支管理等。

（三）安全保卫工作

体育舞蹈比赛是高雅艺术的竞赛形式，应在轻松、愉悦的气氛中进行。然而，由于体育舞蹈独特的评判方式，有些比赛时常因选手、教练、家长、观众等的不满情绪而引发赛场混乱甚至暴力事件，给体育舞蹈项目带来极坏的影响。承办单位需提前3个月购买大型活动保险，并根据赛事举办地大型活动安全保卫工作要求，与公安部门签署大型活动文书。赛事安全保卫人员由赛事举办地公安部门配备，数量为40人左右。

（四）医疗卫生工作

体育舞蹈选手在有限的场地内进行流动性强且速度较快的比赛，其生理和心理负荷都很大，比赛中因碰撞而受伤的事情经常发生。另外，部分老年选手和有隐性、先天性疾病的选手，由于兴奋、紧张和疲劳等生理原因，比赛中突发心脑血管疾病甚至猝死的现象也有发生。因此，赛场内需设临时医务站并预先安排应急措施，配备医务人员、常用药品（外伤、速效救心类）和器具，如果赛场远离医院还可安排救护车待命，医疗应急预案由承办单位制订。

（五）供电、供水保障等工作

制订赛事筹备与举行期间的供电方案，指导、监督赛事的用电、用水安全。如有电视直播应安排电力线路以保障供电。

（六）食宿、交通工作

1. 比赛官员、裁判员、工作人员的安排

具备一定规模的比赛，主办单位会邀请许多官员，并选派裁判员和竞赛委员会成员等参与竞赛工作。为了保证比赛顺利进行，承办单位要委派专人认真做好接待、服务工作。如提前安排舒适、方便的住处，提供比赛期间各项事务的时间表和负责人联系方式，安排合理、卫生的膳食，提供便捷的交通服务，快捷、高效地做好各项经费报销、工作报酬的发放和返程票务预订等事宜。

2. 选手的安排

住宿的宾馆应相对集中，不要远离赛场，饮食、购物应十分方便。在比赛规程（通知）中要提前注明登记住宿的相关事宜，包括房间等级、价位、地理位置、联系方式、周边的交通信息、距赛场的距离等。

由于一些赛场远离市区，比赛间歇和赛后，大量选手可能因交通问题不能顺利返回驻地而滞留在赛场，应坚决杜绝此类情况的发生。

很多比赛选在“五一”“十一”等节假日举行，适逢旅游旺季，返程车、机票

相对紧张，很多选手赛后不能及时、顺利地返回。承办单位要尽可能做好返程票的提前登记和预订工作，做到善始善终。

（七）其他保障工作

体育舞蹈比赛有着参赛运动员多、年龄跨度大的特点，从比赛前的报到工作、选手走场练习，到比赛时的检录、组与组之间上下场对接、更换服装等，场面难免嘈杂拥挤、缺乏秩序。承办单位要有高度的责任感和良好的组织能力，提前做好应对突发事件的应急预案，尤其是做好消防宣传和疏导、缓解拥挤场面的各种工作。为确保比赛的顺利进行，还要保证检录区、候场区、热身区、更衣室、卫生间、领奖处、观众席以及各区域之间连接通道的相对通畅，避免造成人员（尤其是老幼选手）伤害事件的发生。

附件 1-2-1 中国体育舞蹈联合会竞赛规程示例

中国体育舞蹈联合会关于印发“锦鲲杯”2018 年中国体育舞蹈公开系列赛（上海站）竞赛规程的通知

各有关单位：

“锦鲲杯”2018 年中国体育舞蹈公开系列赛（上海站）将于 2018 年 6 月 23 日至 24 日举行。本次比赛是 2018 年度中国体育舞蹈公开系列赛的第三站。望各地选手积极报名参赛以赢取公开赛风云榜积分和全年度竞赛积分。现将本次比赛的竞赛规程印发，请各地按要求组织好报名工作。

附件：“锦鲲杯”2018 年中国体育舞蹈公开系列赛（上海站）竞赛规程。

中国体育舞蹈联合会

2018 年 5 月 8 日

“锦鲲杯”2018年中国体育舞蹈公开系列赛（上海站）竞赛规程

一、主办单位

中国体育舞蹈联合会（CDSF）上海市体育总会

二、承办单位

上海市体育舞蹈运动协会

上海市黄浦区体育总会

上海市卢湾体育中心

三、总冠名单位

锦鲲（北京）国际文化传播有限公司

四、协办单位

湖南锦鲲文化传播有限公司

湖南锦鲲体育产业联盟运营有限公司

中华同心温暖工程基金会

湖南爱晚亭红色文化交流中心

北京怡客网络科技有限公司

锦鲲国际艺术学校

上海市国际标准舞进修学校

五、媒体支持单位

中央电视台5频道

CCTV NEWS

中国教育电视台

北京电视台

上海电视台

湖北电视台

中国体育报

中国体育舞蹈联合会网

中国体育舞蹈联合会云管理报名系统

《尚舞》杂志

体舞汇

茹舞

优舞网

微舞

舞讯网

中华舞蹈网

中舞网

华人舞蹈网

六、比赛日期

2018年6月23日—24日，共2天。

七、比赛地点

上海市卢湾体育馆

八、比赛设项

(略)。

九、裁判委员会

由中国体育舞蹈联合会选调裁判团执裁。

十、报名要求

(一) 以省市、协会、俱乐部、学校机构等为单位进行报名，不接受个人报名。从中国体育舞蹈联合会云管理竞赛报名系统（http://www.cdsfcm.com）报名；

下载中国体舞APP：http://www.cdsfcm.com/phone.mjb进行报名。认真填写内容。担任本次比赛的裁判员不得兼任本代表队任何职务。

(二) 每队可报领队1人，教练1人，管理人员1人。超过30人的队伍可增报上述人员1~2人。请务必认真填写报名项目并注明领队、教练、管理人员姓名和手机号码。

(三) 如有修改或调整报名，请各队务必在报名截止期限前登录上述竞赛报名系统进行操作。

(四) 报名截止时不足3对的组别将被取消，选手可选择并入适龄组别参赛；

报到后不足3对的组别，选手将并入适龄组别参赛。

（五）各队报名结束后可将参赛服务费转账至承办单位的账户，待报到时领取正式发票。

（六）请各组队单位认真做好报名工作，确保报项准确。报到时原则上不更改已报组别。如因特殊原因需要更改，须在组委会同意且不影响赛程的情况下方能更改，并需交纳组别更改手续费200元/项。

（七）报名截止时间：2018年6月8日（星期五）24时，逾期报名系统关闭不接受报名。

报名联系电话：010-67183764，联系人：陈思。

竞赛报名系统咨询电话：18910965833，联系人：马淑蕊。

十一、报到时间与地点

请各队于2018年6月22日14时至18时前往上海市卢湾体育馆报到。报到时请携带从上述报名网站下载打印的报名表并加盖公章，领取选手背号、秩序册等。

十二、中国体育舞蹈公开系列赛奖励

（一）除职业组、A组和18岁以下组外，各组别均录取前12名，前3名颁发奖杯、奖牌、证书，第4至12名颁发证书。

（二）职业组、A组和18岁以下组前3名颁发奖杯、奖牌、证书。前12名颁发奖金、证书。

（三）业余女子单人组根据报名人数随机分组，各组按照20%、30%、30%（淘汰20%）的比例设一、二、三等奖，颁发证书。

（四）另设优秀组织奖、精神文明奖各8名。

（五）职业组奖金（人民币），见表1：

表1　职业组奖金分配表

第1名12000元	第2名9000元	第3名7000元
第4名4500元	第5名4500元	第6名4500元
第7名2000元	第8名2000元	第9名2000元
第10名2000元	第11名2000元	第12名2000元
职业组标准舞、拉丁舞两项合计107000元		

（六）A 组奖金（人民币），见表 2：

表 2　A 组奖金分配表

第 1 名 10000 元	第 2 名 7000 元	第 3 名 5000 元
第 4 名 3500 元	第 5 名 3500 元	第 6 名 3500 元
第 7 名 2000 元	第 8 名 2000 元	第 9 名 2000 元
第 10 名 2000 元	第 11 名 2000 元	第 12 名 2000 元
A 组标准舞、拉丁舞两项合计 89000 元		

（七）18 岁以下组奖金（人民币），见表 3：

表 3　18 岁以下组奖金分配表

第 1 名 5000 元	第 2 名 4000 元	第 3 名 3000 元
第 4 名 2000 元	第 5 名 1000 元	第 6 名 800 元
第 7 名 400 元	第 8 名 400 元	第 9 名 400 元
第 10 名 400 元	第 11 名 400 元	第 12 名 400 元
18 岁以下组标准舞、拉丁舞两项合计 36400 元		

十三、食宿交通安排

所有参赛队伍自行安排食宿。

十四、保险

请各队务必自行办理队员人身意外伤害险。在比赛期间由于非组委会原因发生的意外事件均由参赛队自行负责。

十五、相关要求

（一）各队领队或教练须参加组委会组织的领队会，不参加会议的单位视为自动放弃优秀组织奖和精神文明奖的评奖机会，组委会不再受理其代表队的投诉。

（二）请各领队和选手及时通过“中国体舞 APP”和检录处公告关注最新赛程，防止误场。

（三）2018 年中国体育舞蹈公开系列赛全年 5 站的积分全部为有效积分，分值与全年度竞赛积分分值相同。在完成 5 个系列赛后，职业组、35 岁以上组积分排名前 12、A 组和 18 岁以下组积分排名前 24 的选手获得参加本年度总决赛系列活动的资格。

（四）职业组、A 组、18 岁以下组、16 岁以下组、14 岁以下组、35 岁以上组共 6 个组别选手的成绩将列入中国体育舞蹈年度竞赛积分系统，进行年度积分排名。

（五）职业组选手须按规定在中国体育舞蹈联合会进行年度注册，否则，不得参赛。男女选手年龄一人须在 21 岁以上，另一人须在 18 岁以上。历届全国锦标赛职业组决赛选手和职业新星组冠军不得降组比赛，如有更换舞伴者，允许参加职业新星组比赛；未满 21 岁的选手可按照 WDSF 与 CDSF 的有关规定执行。

（六）体育舞蹈（国标舞）专业院校在籍及毕业的学生不得参加各业余组别的比赛；超过 21 岁者，可选择进入 A 组、A 新星组、B 组或职业组等。

（七）除 A 组、A 新星组、B 组外，不允许跨年龄组兼报，同年龄组和同年龄新星组不可兼报。但可兼报同一年龄组内标准舞和拉丁舞两项。每对选手最多可报 3 小项比赛，十项、六项等全能选手除外。

十六、未尽事宜，将另行通知

附件 1-2-2　中国体育舞蹈联合会体育舞蹈赛事技术官员选派函（模板）

中国体育舞蹈联合会关于选派×××同志担任 2018 年中国体育舞蹈公开赛（上海站）副竞赛长的函

××××单位：

2018 年中国体育舞蹈公开赛（上海站）将于 2018 年 6 月 23 日—24 日在上海卢湾体育馆举行。为保证比赛顺利举办，经研究，拟选派贵单位教师、国际级裁判××××同志担任本次比赛副竞赛长。

请以上人员于6月22日到上海市报到。组委会负责在上海期间的食宿和交通费用。

望予以支持。

附件1-2-3 中国体育舞蹈联合会竞赛技术要求

为确保中国体育舞蹈联合会主办的全国性或国际性体育舞蹈赛事的办赛质量及公平公正，中国体育舞蹈联合会结合多年办赛经验，特制订《中国体育舞蹈联合会竞赛技术要求》。各赛事承办单位及相关参与部门要严格按照中国体育舞蹈联合会有关规定执行，并认真抓好竞赛场地各项安全保障和应急处置工作。

一、比赛场地

1. 长方形，坚实平整，无障碍物，不得画有杂线，设有疏散通道。

2. 场地尺寸为长26米，宽16米。场地的丈量是从界线的内沿量起。

3. 木质地板。要求防滑亚光，接缝紧密平顺，没有明显凹缝。

4. 在比赛场地的一侧搭建颁奖台和LED背景板，见图1。颁奖台高50~120厘米，平面长16米以上，宽5~6米。支撑材质必须为钢铁支架，保证绝对安全；并需铺统一颜色的地毯，地毯平整，接缝处必须用线或胶条处理。主舞台需在正面、左右两边安放不少于2米宽的台阶。

5. LED背景板要求与颁奖台长度一致，原则上高度不得少于7米，须有专门的天幕灯照明。主舞台需有背景灯和面光灯。

(a) 中国体育舞蹈公开赛（岳阳站）

(b) WDSF世界体育舞蹈大奖赛（武汉站）

(c) 世界体育舞蹈大赛（成都站）

(d) 中国体育舞蹈公开赛总决赛（温州）

图 1　比赛场地及领奖台、LED 背景板

6. 在主舞台上安放主持台，见图 2，主持台高 90 厘米，宽 120 厘米。

7. 在指定地方摆放 2 排 30 个座位的裁判员席，见图 3。要求每个裁判员均有专属座位，并贴上英文字母代码（直径 9 厘米）。

8. 裁判员候场区：安排 11 把椅子，要求椅子靠背上贴上数字 1、2……11，见图 4。

图 2　主持台

图 3　裁判员席

9. 采用 WDSF 3.1 版打分系统时，主舞台前摆放 12 张桌子和 12 把椅子。另外，摆放 1 张桌子和 1 把椅子作为计分台。

10. 在指定地方安排计分区，摆放计分组桌椅，桌子需要不少于 4 张，椅子 10 把。单有两张桌子用于 Pad 电子打分器充电。

11. 场地内要安排4名工作人员并准备干净的拖布，用于在比赛期间快速清理场地。

12. 场地内需要设置记者席和拍摄区，用明显标牌标明。

13. 场地周边沿界线设置广告牌，见图5，广告牌高度以60厘米为宜，不得超过70厘米。在组委会指定的位置留出运动员上、下场口。

图4 裁判员候场区及计分台

图5 周边沿界线广告牌

二、场馆功能设置

1. 裁判员休息室1间，适当安排热饮及点心。

2. 颁奖室1间。

3. 男女更衣室各1间。

4. 在指定位置布置新闻采访区、颁奖台等标识牌。

5. 在颁奖区一侧准备奖牌展示台。2~3张桌子，上面铺台布。

6. 安排适当的检录区和成绩公告栏。

7. 各功能区须制作统一标识，并标有指示方向的箭头。需要制作标牌的地方有：报到处，检录处，成绩公告栏，男、女更衣室，裁判员休息室，颁奖处，计分处，贵宾室，上、下场口，新闻采访处，卫生间等。

8. 在运动员检录区设置副颁奖区，用于白天颁奖。

三、场地灯光

1. 比赛场内照明亮度要均匀。原则上要能满足比赛场地的照度、高清电视直播及视频录制用光的技术指标，光圈值低于F：2.8。

2. 赛场区域内除安装基本光源外，还需配置相应的效果灯光设备（如电脑灯、频闪灯、追光灯等）。

3. 观众席需安装普通照明灯具。

4. 场地四周还需安装开幕式、颁奖、表演等需要的面光、侧光、逆光、效果电脑灯等舞台灯光设备，见图 6（面光需 2 千瓦聚光灯 30 台，逆光需 2 千瓦回光灯 60 台，左右侧光需 2 千瓦聚光灯 32 台，5 千瓦追光灯 4 台。面光和逆光配备换色器）。

5. 灯光使用要求：上午、下午和晚上都要使用比赛灯光，体育馆的普通照明灯不能用于比赛，白天比赛只需开启场内基本光源。

图 6　灯光架

四、比赛场地音响

1. 场地四个角要设置面对比赛场内和观众席的 4 组主音箱，场地四周各边至少要有 4 个返送音箱，共计 12~16 个返送音箱。主持台和检录大厅各安装 2 个返送音箱。

2. 无线麦克 6 支（主席台 2 支）。

3. 准备国歌（光盘）、国旗。

五、竞赛用品

（一）计分组

计分组竞赛用品见表 1。

表 1 计分组竞赛用品统计表

用品名称	数量
复印机	1 台（保证状态良好）
快速打印机（激光）	2 台（备安装盘）（兄弟牌）
喷墨打印机	1 台（备安装盘）
网线（30 米）	1 根
网线（15 米）	2 根
WDSF 3.1 版评分系统：	
10 插口路由器	2 个
网线（实际距离）	12 根
计分组连接 LED 大屏幕的网线	1 根
打印机墨盒	每个打印机配备黑色墨盒 2 个（根据机型购买）
复印纸	A3 纸一包、A4 纸 12 包
大绘图纸	5 张
裁判夹（塑料硬板文件夹）	30 个
文件夹（便于夹竞赛文件）	10 个
签字笔（质量好）	10 盒
荧光记号笔（黄、红、蓝）	各 3 支
大记号笔（黑、红）	各 5 支
电源插座	多功能 15 个（使用 Pad 的赛事需要 20 个）
剪刀、文具刀	各 2 把
透明胶带（宽、窄）	各 5 个
订书器	2 个
订书针	4 盒
曲别针	2 盒

（二）检录组

检录组竞赛用品见表 2。

表 2　检录组竞赛用品统计表

用品名称	数量
检录用扩音器（备足电池）	3 个

（三）背号制作

1. 背号分类：

（1）按照国际体育舞蹈联合会的规定，选手背号制作要求如下：

号码从 10 号开始编制，职业组和业余组适应本规定。

职业组黑底白字，18 厘米×21 厘米，上部约 4 厘米为广告和赛会名称。

业余组白底黑字，其他要求同上。

（2）背号上部 20%处为大会广告，下部为醒目饱满的黑体字号码（特别提醒：要求自然数，前面不要有数字 0）。

（3）附加的地方赛事可为白底红字。

（4）在 WDSF 的比赛，需要从 10 号开始排列背号，颜色是白底黑字。广告部分可以做另外色调处理。

示例见图 6、图 7。

图 6　职业组背号

图 7　业余组背号

2. 运动员号码材质要求：防水，色泽鲜明，亚光，质地结实。

（四）证书制作

1. 证书由承办单位设计经主办单位审核后方可制作。

2. 证书要包括大赛名称、大赛标识、中国体育舞蹈联合会标识、选手单位、姓名、组别、名次、比赛地点，落款为中国体育舞蹈联合会。

3. 证书规格：A4 纸大小，用 125~196 克亚光铜版纸或双胶亚粉纸印刷。

4. 所有竞赛用品在赛前 2 天要全部到位，并有专人保管。赛前按照要求交给礼宾长清点。

（五）裁判胸牌

须按主办方要求制作裁判员代码胸牌（A、B……），材质为硬质塑料，圆形，背面安装别针或能固定的夹子，直径 8~10 厘米。颜色为红色或深蓝色。

六、后勤保障

1. 确定体育馆的开门时间，必须提前 2h 做好供电、供水、冷暖设备、卫生等各项准备。

2. 裁判员、竞赛工作人员、媒体记者的休息室需配备饮用水、咖啡、水果、点心，中午不能停止比赛时需要安排自助快餐。

3. 安排接送裁判员从酒店至比赛场馆的往返车辆。

4. 为各参赛队领队及省市级体育舞蹈协会主管领导提供专门的座席。

七、竞赛志愿人员

1. 志愿人员以在校大学生为宜。要求能坚守岗位，工作认真，提前 2 天到位培训。

数量如下：计分员 8 人；颁奖礼仪 12 人；检录员 10~12 人（男性，最好有参加大型活动、竞赛的工作经验）。

2. 安保人员要根据场馆位置需要确定人数，保证观众和运动员分流，观众不能随意进入场地。保证运动员入口处不能有其他人员进入，确保场地内的秩序。赛前竞赛长要与承办单位一起检查、落实各项安全应急预案。

3. 记者彩色马甲制作。彩色马甲由组委会统一发给特许记者，没有马甲的人员一律不允许在内场拍摄。

4. 根据报名表制作各代表队运动员、领队、教练员胸卡。给裁判员制作裁判员胸卡，有条件的可以印照片。给竞赛人员制作竞赛胸卡。给嘉宾可制作贵宾卡。

八、秩序册基本内容

1. 封面、封底需包括比赛名称、时间、地点、主办单位、承办单位、广告等；

2. 竞赛规程、大会活动安排、赛程安排；

3. 组委会及办事机构成员名单；

4. 裁判委员会成员名单（要配近期头像彩照）；

5. 竞赛委员会成员名单（要配近期头像彩照）；

6. 代表队名称（含领队和教练名单）；

7. 运动员分组表（按照号码顺序排列，并据此编排组别）；

8. 体育馆平面图及观众、嘉宾、选手路线图；

9. 赛程及日程安排；

10. 中国体育舞蹈联合会致各参赛队感谢信；

11. 广告。

以上内容须由主办单位审定。

九、新闻发布会

1. 新闻发布会由承办单位征得主办方同意后于赛前召集。

2. 准备新闻发布会的会议议程，并提前落实发言嘉宾。

3. 安排表演项目的要请主办单位提前审查，确定表演内容及表演嘉宾。

4. 检查麦克数量和通话质量。

5. 做好安全工作，确保人员、消防等安全工作落实到位。

十、开幕式

1. 由赛事组委会制订开幕式程序并交主办方审定。

2. 提前布置好座席、无线麦克和有线立式麦克、桌签、秩序册、议程单、茶水等。

3. 提前与主办单位确定开幕式使用的音乐，并制订播放音乐的方案。

4. 制订开幕式和表演节目的灯光运用方案。

5. 安排开幕式所需礼仪人员并提前培训。

附件 1-2-4　中国体育舞蹈联合会体育舞蹈赛事开幕式议程

时　间：

地　点：

主持人：

一、暖场节目

二、灯光秀和开场音乐

三、竞赛主持人开场白之后请出承办单位领导主持开幕仪式

(如没有领导主持开幕仪式则由竞赛主持人主持。)

1. 有请 CDSF 会旗、运动代表队引导牌入场。

2. 介绍嘉宾（嘉宾名单另附）。

(1) 升国旗，奏国歌。

(2) 请承办单位领导__________致欢迎词。

(3) 请赞助单位__________致辞。

(4) 运动员代表宣誓。

(5) 裁判员代表宣誓。

(6) 领导__________宣布比赛开幕。

(7) 开幕式表演。

(8) 为赞助企业授牌仪式（如没有此环节可去掉）。

(9) 由竞赛主持人介绍裁判员和竞赛团队，并请嘉宾为裁判员颁发纪念牌。

(10) 比赛开始。

(11) 颁奖。

附件 1-2-5　中国体育舞蹈联合会电子媒体、新媒体、广告和赞助相关条例（试行）

第一章　广播和新媒体条例

第一条　中国体育舞蹈联合会拥有所有相关赛事的媒体报道权、电子媒体权利、信息网络传播权以及视音频著作权；中国体育舞蹈联合会拥有授予媒体对所有赛事进行推广宣传的权利；中国体育舞蹈联合会的相关成员机构应保证赛事利益各主体方以及其他参与此赛事的人员遵守本规定。

第二条　中国体育舞蹈联合会根据不同的赛事而制订不同的媒体运行标准，但无论标准如何不同，都始终保持同一个最终目的——最大限度地提高体育舞蹈运动的宣传和财政收入。

第三条　中国体育舞蹈联合会充分利用传统媒体和新媒体来保证各级各类体育舞蹈比赛的召开，并和媒体相互配合，提高体育舞蹈运动的文化包装和宣传效应。

第四条　中国体育舞蹈联合会需要与赛事承办者签署书面协议，以保证所有媒体权利的正常运行。

第五条　如中国体育舞蹈联合会牵涉媒体招标程序，媒体应保证高品质的信号传播（无论是广播电台还是其他）。

第六条　对于所有中国体育舞蹈联合会赛事，中国体育舞蹈联合会可以根据协议，与承办方共同享有国内的媒体权利，利用这些权利与主播机构协商，并确保其在全国或者国际的公开宣传推广（中国体育舞蹈联合会定义的最低要求）。中国体育舞蹈联合会也可以通过协议，由承办方买断且独家享有国内媒体权利（中国体育舞蹈联合会有权通过中国体育舞蹈联合会的网站、中国体育舞蹈联合会其他平台以及新闻访问等进行直播），以便在相关比赛期间及比赛之后十二个月内加以利用。值得注意的是，中国体育舞蹈联合会保留所有音频信号的散布权，包括但不限于中国体育舞蹈联合会网站和其他中国体育舞蹈联合会平台的传播。

第七条　受规则约束的组织者和其他个人必要时应采取合理的行动，来确保中国体育舞蹈联合会始终是体育舞蹈运动项目的电子媒体权利的独家拥有者。

第八条　中国体育舞蹈联合会主席团有权与承办方或中国体育舞蹈联合会及其相关成员机构对于特殊的安排进行协商。

第九条　中国体育舞蹈联合会主席团将严格遵守《中国体育舞蹈联合会章程》，以防中国体育舞蹈联合会成员机构违反本条例。

第二章　社交媒体运行条例

第十条　中国体育舞蹈联合会鼓励和支持每一个人把自己参与体育舞蹈活动的经历展示在各种社交媒体上：分享照片，编写博客，或者发推特、朋友圈等。中国体育舞蹈联合会致力于推广这样的网络社交活动，并将其作为普及体育舞蹈一种方式。在不伤害中国体育舞蹈联合会和体育舞蹈运动合法权益的前提下，应保护言论自由，为了协调两者，本文件建立了一些基本的规则。

第十一条　适用

（一）除非另有规定，该条例不仅适用于中国体育舞蹈联合会的官员、成员机构代表、许可证持有者，包括运动员、裁判员和监控人员，还有其他所有对本细则规定表示同意的人员及法人，所有人必须遵守中国体育舞蹈联合会的章程和道德准则。

（二）该条例适用于能够影响中国体育舞蹈联合会或体育舞蹈的宣传渠道，包括：社交媒体上各种形式的传播、博客（包括推特）文章、公共媒体（包括中国体育舞蹈联合会官网）及朋友圈上的评论。该条例明确规定：任何第三方媒体不能以中国体育舞蹈联合会的名义发表观点，或代表中国体育舞蹈联合会。

第十二条　基本原则

（一）中国体育舞蹈联合会鼓励所有遵守这些条例的个人或团体在第三方媒体上发布、分享任何有关中国体育舞蹈联合会的内容。

（二）在第三方媒体发表言论必须尊重《中国体育舞蹈联合会道德准则》及其规定，要保持良好的素养，不能含有粗俗或淫秽的文字或图像。

（三）在第三方媒体发表言论必须以第一人称，日记体格式。这意味着只能表达个人的观点或者叙述经历，而不能评论特定人员的活动。

（四）在第三方媒体上可以发布关于中国体育舞蹈联合会赛事的照片，但不可以发布相关活动的视频。但是如果是个人或非商业用途的拍摄是允许的，同样，拍摄比赛场地之外的视频也是允许的。

（五）不得通过第三方媒体进行商业或广告活动，而且不能有意伤害、谴责或诋毁个人或团体。第三方媒体也不能损害广告商和赞助商的权益。

（六）不得在第三方平台上泄露他人或团体的私人信息。如果在比赛场地或是公共场所张贴某人的照片，必须提前征得本人同意。

（七）各个第三方媒体，包括其缩写、别称、标签、网址都不能和中国体育舞蹈联合会建立未经授权的联系。因此第三方媒体一般不含中国体育舞蹈联合会及其品牌的标志，如若需要使用其标志需要事先征得其同意。然而，中国体育舞蹈联合会鼓励在第三方媒体上分享体育舞蹈的官方链接。

第十三条　责任。在第三方媒体发布内容的人要做到文责自负，任何发布者要承担其发布内容所带来的风险，且要重点强调纯属个人意见。

第十四条　监控委员会要监控中国体育舞蹈联合会的网站及其相关刊物，如一些视频频道，并要了解处理体育舞蹈事务的平台，确保它们遵守规定。

第十五条　执行

（一）如果有违反此条例的行为，纪律委员会将在主席团采取进一步行动之前进行调查，在调查过程中，要遵循《中国体育舞蹈联合会道德准则》。

（二）虽然在上述条例中有所规定，但为了实施执行中国体育舞蹈联合会的管理章程，中国体育舞蹈新闻传播委员会和中国体育舞蹈主席团可就第三方媒体传播交流采取临时措施。

（三）主席团可以根据中国体育舞蹈联合会的管理章程，对违反这些规定的个人或团体进行制裁，对违反本准则的人进行制裁须向中国体育舞蹈纪律委员会提出申请。

（四）中国体育舞蹈新闻传播委员会可以请观众对违反规则的人进行举报。

第三章　广告和赞助规定

第十六条　所有体育舞蹈大奖赛相关的广告、赞助和品牌权益都应为中国体育舞蹈联合会所有。

第十七条　除下文所述外，中国体育舞蹈大奖赛承办方（对于相反协议）有权使用广告、赞助和品牌权益。

第十八条　对于体育舞蹈锦标赛和大满贯系列赛事，中国体育舞蹈联合会拥有独家销售冠名或赞助的权利。如果在赛事之前十二个月，中国体育舞蹈联合会未能成功协商销售冠名和赞助，而承办方又从冠名或赞助中发现潜在的巨大利益时，承办方会要求中国体育舞蹈联合会将权利转交给它（这种请求不会被无理地拒绝）；在这种情况下，中国体育舞蹈联合会及相关承办方应定期向对方通报他们与所有潜在的冠名商或赞助商的谈判情况。

第十九条　若同意上述第十七条和第十八条所述的规定，中国体育舞蹈联合会会通知承办方，哪些权利和产品可供承办方使用，哪些权利和产品不允许承办方使用。

第二十条　对于中国体育舞蹈联合会的大奖赛和锦标赛，承办方要随时向中国体育舞蹈联合会通报拟投放的广告，以确保中国体育舞蹈联合会声誉不受伤害。不允许有香烟、烈性酒、色情和政治或宗教类的广告，以及中国体育舞蹈联合会主席团认定的会给体育舞蹈、中国体育舞蹈联合会及相关比赛形象带来负面影响的广告。广告板的大小和位置应得到中国体育舞蹈联合会的批准，以确定它们：

——符合所有媒体的要求；

——不能对赛事的形象造成负面影响（包括在电视上）；

——遵守既定市场的广告条例。

第二十一条　有关比赛服装广告的规定需符合竞赛委员会对服装提供商提出的限制要求，如商品标识的大小、颜色以及所佩带的部位。

第二十二条　中国体育舞蹈联合会主席团有权与承办方或中国体育舞蹈联合会相关成员机构协商特殊的安排。

第二十三条　中国体育舞蹈联合会主席团根据《中国体育舞蹈联合会章程》，有权对所有违反本条例的中国体育舞蹈联合会成员机构进行处置。

具体来说，承办方有义务告知中国体育舞蹈联合会拟投放的相关广告，这将由中国体育舞蹈联合会主席团决定并强制执行。

第四章　附　件

第二十四条　依据中国体育舞蹈联合会对相关电子媒体、新媒体、广告和赞助的规定制订该条款。

第二十五条　电子媒体权利分为有线网络信号传播权和无线网络信号传播权：

（一）有线网络信号传播权定义为所有的知识产权和其他移动视频图像（有声音或没声音）的权利或利益，包括但不限于通过所有可用的传播技术手段（包括但不限于发射器、卫星、电缆、光纤、电话线、移动电话、宽带、无线电或任何传播技术手段的结合）在私人或公共场所同时接收、传输这种图像的权利。

（二）无线网络信号传播权定义为所有的知识产权和其他移动视频图像（有声音或没声音）的权利或利益，包括但不仅限于允许个体消费者随时访问各类媒体如互联网、视频点播、飞机影片等）。

第三节　体育舞蹈赛事组织实施

一、竞赛各岗位分工和职责要求

根据中国体育舞蹈联合会体育舞蹈赛事需要，体育舞蹈竞赛工作岗位由竞赛长、裁判长、裁判员、计分长、检录长、礼宾长、主持人、音乐长、计分员及检录员等竞赛辅助人员组成。竞赛各个环节各自分工，严守职责，相互配合，是一个有机整体。

赛前，竞赛各岗位人员需依据竞赛管理要求签署中国体育舞蹈联合会竞赛岗位人员劳务协议和个人健康承诺书（详见附件 1-3-1、附件 1-3-2），并购买保险。

（一）竞赛长

1. 竞赛长工作职责

竞赛长是整个比赛过程的现场指挥者和协调者，负责监督执行组委会制定的竞赛规程和竞赛规则。

（1）接受组委会秘书长领导。

（2）作为赛事全面工作的统筹组织者和协调者，应熟悉整个比赛的流程。必须坚持公平、公正的竞赛原则和严谨、细致、周到的工作作风。

（3）根据中国体育舞蹈联合会和组委会制定的比赛计划和规定，确定比赛期间的赛程安排并负责监督执行。协调各竞赛环节，如裁判、计分、主持、检录、礼宾、音响、安保等高效运转。对违反竞赛规则和竞赛纪律的现象有权责令即时改正，并监督落实情况。督促裁判长纠正裁判员在执裁过程中违法违规的行为。

（4）与裁判长通力合作，保障赛事流畅运行。

（5）按照组委会要求，监督竞赛各个环节按时完成，赛程进展中出现的各种情况快速即时解决。

（6）对违反比赛规则的竞赛现象以及选手，及时提出警告并做好记录，情节严重的可报组委会取消选手参赛资格。监督计分统计流程和计分组工作，对竞赛成绩做最终审查并签字确认。

（7）组织赛前竞赛裁判工作会和当日比赛结束后的技术小结会。

（8）凡出现下列情况时，竞赛长可报组委会给予当事者相应的处罚，必要时及时协调现场安保人员处理。

①不服从指挥，破坏赛场秩序者；

②不服从判决，侮辱打骂裁判者；

③比赛期间打架斗殴者；

④在颁奖仪式过程中，出现拒绝领奖、非本人领奖、故意扔掷奖牌等行为造成恶劣影响者；

⑤报名过程中不按规定报名或弄虚作假者；

⑥使用违禁药物的各种行为；

⑦无论何种原因，造成比赛中断达 10 分钟或罢赛者；

⑧其他不良行为。

竞赛长有权对当事者进行处罚和事后处罚，包括但不限于：停止竞赛工作、比赛成绩无效、取消比赛成绩、取消选手资格、禁赛以及停赛等。

(9) 赛会结束，负责起草比赛工作总结，有义务向组委会提出建议和意见。

(10) 接受中国体育舞蹈联合会和组委会的考评。

2. 竞赛长工作细则

竞赛长工作细则见表 1-2。

表 1-2 竞赛长工作细则

时间节点		工作任务	地点	人员分配与对接方法
赛前	1. 赛前1~2月	(1) 接到中国体育舞蹈联合会工作选派函； (2) 起草赛事竞赛规程，负责设项的制订工作； (3) 参与组建竞赛团队； (4) 制订赛事流程和竞赛日程表，制订并确定竞赛日程安排相关内容细则； (5) 监督报名情况和进度，及时动员和宣传； (6) 报名截止日期后，组织计分长进行赛程编排； (7) 协调主办单位和承办单位落实秩序册中具体事项； (8) 检查并审核秩序册编制情况和内容； (9) 检查并审核承办方所有物料设计和准备情况； (10) 与承办单位进行沟通，并在规则范围内调整日程等； (11) 掌握组委会总体要求，并在竞赛各个环节逐一落实； (12) 掌握赛事筹备情况和进度，及时协调、处理突发情况； (13) 筹备赛事协调会、赛区新闻发布会等。	网络或者电话	(1) 根据中国体育舞蹈联合会工作选派函，将确定好的竞赛日程及时发送给相关竞赛人员； (2) 保持与主办单位和承办单位的有效沟通； (3) 保持与竞赛人员的联系，掌握竞赛各部门的筹备进度； (4) 查阅赛事相关网站和微信公众号。

续表

时间节点		工作任务	地点	人员分配与对接方法
赛前	2. 赛前2天	(1) 根据竞赛日程安排进驻赛场，必要时可提前进驻，以便对承办单位竞赛准备进行现场指导，减少返工； (2) 到达比赛城市，召集和组织竞赛团队工作会议，确定赛事重要事项和时间节点，请中国体育舞蹈联合会秘书长做赛前动员； (3) 确认竞赛团队各岗位分工与合作机制，明确竞赛团队各岗位职责； (4) 在明确分工的前提下，协调各部门之间的整体协作和流程，要求做到分工与合作的有机运行； (5) 关注竞赛各部门与承办单位相关竞赛事宜对接工作； (6) 竞赛岗位责任到人，明确其工作标准； (7) 掌握承办单位票务政策、场内运动员区设立等情况。	比赛场地或者入住酒店会议室	(1) 竞赛工作会议上，确定各部门之间的工作协调，分工合作； (2) 与承办单位接洽，以便时时掌握赛事筹备的变化。
	3. 赛前1天	(1) 按照竞赛日程安排和竞赛工作会的安排和要求，进行现场接洽，每一个竞赛岗位均落实到人、到物、到位； (2) 检查和督促竞赛筹备落实情况，及时发现问题，及时协商处理。没有到位的竞赛器材等要确定解决方案，及时补救，并督促落实； (3) 监督、落实竞赛工作会上提出的各项要求； (4) 再次确认场地布置，灯光音响，人流线路，功能区划分，裁判席、操作台、计分席、检录大厅、摄影区、场地电线铺设等，发现问题及时整改； (5) 监督赛前运动员走场、新闻发布会、公益课等环节；	比赛场地或者入住酒店会议室	(1) 与中国体育舞蹈联合会秘书长及时沟通，保证组委会及时掌握整个赛事筹备进度； (2) 监督计分长及计分组工作进度，报名报到、赛程表调整、分组表整理确认等，确定公布时间和方式； (3) 将最新赛程表通报给裁判长，共同维护比赛公平、公正原则，纠正影响赛事纪律的现象； (4) 确定礼宾长工作内容、颁奖时间和颁奖组别，以及落实颁奖嘉宾名单；

续表

时间节点		工作任务	地点	人员分配与对接方法
赛前	3. 赛前1天	(6) 组织赛前领队教练联席会，宣布赛事规定和要求； (7) 出席赛前裁判员工作会，介绍赛事整体情况并提出具体要求，确保裁判团队成为赛事成功的保证； (8) 监督竞赛团队和裁判团队遵守赛区纪律和规定，不许外出饮酒和其他违规行为。	比赛场地或者入住酒店会议室	(5) 确定音乐长前期准备内容，确定比赛音乐类别、决赛音乐、开幕仪式音乐配合等； (6) 确定检录长工作内容，器材到位情况和志愿者培训情况，以及赛前需要公布的文件； (7) 确定主持人工作内容和轮换方式，比赛过程中及时掌握进度和配合赛程的新要求。
	4. 筹备期最后确认	(1) 督促竞赛各部门汇报筹备和对接情况，及时确定是否有新情况出现并汇报； (2) 制订各种情况的处理预案； (3) 再次确定明天早餐和发车时间。	微信工作群或电话	各部门汇报后，及时向中国体育舞蹈联合会秘书长报告赛事筹备情况和可能出现的问题，并向承办方通报筹备情况。
赛中	5. 整个赛事期间	(1) 全面掌控赛事整体节奏，严格履行赛事职责，对组委会负责； (2) 掌握现场赛程进度，严格按照赛程表时间进行； (3) 监管竞赛团队各部门工作状况和工作规范； (4) 签字确认每一个轮次的成绩，保证比赛的公正性； (5) 接受领队投诉并做权威解释； (6) 监督整体赛事流程和竞赛环节的规范和严谨； (7) 对计分、检录、音乐、主持、礼宾、成绩公布、裁判等相关岗位之间的衔接配合及时监督，出现问题快速处理； (8) 比赛中严格落实公正、公平、公开原则，有错必纠；	比赛场地	(1) 时刻与“六长一人”保持直接联络，应对并及时处理赛事中各种情况； (2) 与组委会保持畅通联络； (3) 与承办单位保持畅通联络，及时处理赛事中各种问题和情况； (4) 与承办单位的灯光音响团队、志愿者团队、场馆团队、安保团队保持畅通联络； (5) 与电视转播团队保持畅通联络。

续表

时间节点		工作任务	地点	人员分配与对接方法
赛中	5. 整个赛事期间	(9) 赛事中出现重大情况及时通报组委会并处理； (10) 监督和协调赛场秩序和安保情况； (11) 监督和协调志愿者工作情况； (12) 掌握开幕式整体流程和进展情况； (13) 协助联系落实电视直播或转播事项； (14) 国际比赛中积极协助国际团队完成赛事流程； (15) 了解后勤接待方案和时间节点。	比赛场地	
	6. 突发事件	赛前提前准备突发事件的处理预案，包括治安事件、闹事事件、观众拥挤、停电、停水、停空调、现场Pad无信号、裁判打分问题等；	比赛场地	(1) 与竞赛团队密切配合，冷静处理突发事件，以最佳解决方案行动； (2) 积极联系相关部门，指挥竞赛团队配合。
赛后	7. 赛后1周内	(1) 赛中及时发现问题并记录在案，赛后及时总结； (2) 与竞赛团队及时沟通，总结问题，找到改进措施； (3) 及时向中国体育舞蹈联合会进行工作汇报。	电话 微信 网络	(1) 竞赛团队成员； (2) 组委会领导； (3) 中国体育舞蹈联合会领导。

（二）裁判长和裁判员

1. 裁判长工作职责

裁判长负责管理裁判员的日常行为和场上执裁；监督裁判员工作职责和裁判员纪律的落实情况。

(1) 裁判长由组委会指定。裁判长应熟悉整个比赛的流程。裁判长必须做到公正、公平，严格遵守裁判准则和职业道德，敢于管理，认真负责。

(2) 裁判长根据赛程调整情况和出现的其他评判问题，组织调度场上裁判员。负责选定比赛音乐和时长；赛前要检查裁判着装、文具、竞赛表格等；核对上场选手对数、裁判员人数等，发现问题及时处理。对比赛结果进行确认，若需要调整，与竞赛长商定后执行。

（3）裁判长负责处理现场选手提出的任何投诉，处理现场与比赛直接相关的任何争议。裁判长有必要对裁判员的工作情况进行考核或检查，对出现重大失误的裁判员进行相应的处罚，情节严重的，经裁判长核实提交组委会对裁判员进行警告、停止执裁、取消本次比赛裁判资格、全国通报等处罚。

（4）如有裁判员在比赛中徇私舞弊，一经查实，裁判长有权即刻取消其执裁资格，其“裁判评判表”按作废处理。相关的选手立刻取消比赛资格，并取消该裁判员本次比赛以后的执裁资格。裁判长核实后提交组委会，对该裁判员进行全国通报、取消裁判资格 2 年、取消裁判资格等处罚。

（5）管理裁判员的学习和日常活动。有权要求裁判员外出请销假，要求裁判员必须参加赛前竞赛裁判工作会，组织好业务学习和执裁技术讨论。对不服从管理和违反裁判纪律的裁判员进行批评教育，直至上报组委会批准后停止其裁判工作。

（6）赛后组织裁判员对本次比赛裁判工作情况进行评议和总结。

（7）接受中国体育舞蹈联合会和组委会的考评。

2. 裁判长工作细则

裁判长工作细则见表 1-3。

表 1-3　裁判长工作细则

时间节点		工作任务	地点	人员分配与对接方法
赛前	1. 赛前半个月	（1）接到中国体育舞蹈联合会工作选派函； （2）了解本次比赛的性质，确定到会和离会时间； （3）了解主办单位和承办单位的办赛经验，预判比赛规模； （4）了解本次赛事裁判员的组成。	网络或者电话	（1）与联合会秘书长沟通赛事准备情况； （2）与竞赛长沟通赛事报名情况； （3）对竞赛长提出本次赛事的赛程要求。
	2. 赛前 2 天	（1）到达比赛城市，与主办方和承办方完成对接与沟通； （2）检查赛事的前期准备工作； （3）参加竞赛团队工作会议，确定赛事整体流程，熟悉人员配备并建立联系；	比赛城市、比赛场地	（1）与竞赛长当面核对初步的赛程表； （2）与秘书长沟通工作准备情况； （3）与办赛单位落实准备工作。

续表

时间节点		工作任务	地点	人员分配与对接方法
赛前	2. 赛前2天	(4) 确认报名的最终名单，裁判长有权更改竞赛名单(如增加报名或依据规程改报项目等)； (5) 检查本次比赛公开使用的视频是否符合要求； (6) 与竞赛长研究比赛日程，确保每轮比赛的休息时间，每组的合理人数，每项的合理搭配。	比赛城市、比赛场地	
	3. 赛前1天	(1) 检查场地，包括尺寸和质量； (2) 确保已报到队伍准备就绪，及其报名资格的准确性和完整性； (3) 确保计分员和计算机团队准备就绪，并检查裁判员和计分人员所使用的表格是否正确，计分软件、硬件是否正常工作； (4) 确保灯光正常且光线充足； (5) 检查选手更衣室并确保环境舒适； (6) 检查裁判员休息室或者独立的会客室功能正常； (7) 检查音响系统并确保音效； (8) 指导音乐长使用正确的音乐； (9) 检查裁判员的指定工作区域，并确保舒适的工作环境； (10) 检查所有用于公布比赛结果的展板或者电子屏； (11) 确保检录小组、观众及其他访客的区域是分开设置的； (12) 公布赛程表； (13) 召开裁判工作会议； (14) 确保赛场有备用电源。	比赛场地	(1) 与竞赛长修订赛程表，并用正确途径公布赛程； (2) 与竞赛团队沟通赛前准备； (3) 与承办单位负责人沟通赛前准备； (4) 负责向中国体育舞蹈联合会秘书长汇报工作准备情况。

续表

时间节点		工作任务	地点	人员分配与对接方法
赛前	4. 临赛前（30分钟）	（1）确保急救人员在现场； （2）确保被选调的每位裁判员均已到现场，并能正常工作； （3）赛前裁判员会议，就裁判员工作职责和具体工作任务进行指导； （4）确保当前场次比赛，当值裁判至少开赛前5分钟不得离开现场。	比赛内场	（1）与竞赛长、主持人、检录长、计分长、礼宾长保持对讲机联络； （2）赛事联络单。
赛中	5. 正式比赛期间	（1）确保裁判员在赛间休息时待在指定区域或独立区域； （2）确保全赛程每个裁判员严格遵守裁判员的行为准则和道德准则； （3）检查选手的服装以及动作； （4）检查每一轮次上场人数是否吻合； （5）指派上场裁判员并监督其执裁行为； （6）确保每一组每一轮次入选的精确人数； （7）适时检查裁判员的评分过程。	比赛内场	（1）与竞赛长、主持人、检录长、计分长、礼宾长保持随时对讲机联络； （2）依据赛事联络单和赛程表进行沟通； （3）如遇重大紧急事件需及时请示中国体育舞蹈联合会秘书长； （4）与违反竞赛规程的选手进行直接沟通。
赛后	6. 赛后1周内	（1）总结本次比赛裁判员的整体表现，并提出改进方案，需提交书面的总结报告； （2）与竞赛长总结本次比赛的赛程问题。	网络电话纸质	向中国体育舞蹈联合会秘书长提交正式的总结报告。

3. 裁判员职责

在半决赛和决赛中，体育舞蹈裁判员参加竞赛执裁应视裁判员选调情况实行回避制度。从裁判员到达赛区开始，就要遵守不与外界，特别是运动队联系的规定（见附件1-3-3《中国体育舞蹈联合会裁判员管理办法》第三十二条）。

（1）裁判员必须服从组委会的规定，不得参加任何比赛项目以外的活动，自觉约束个人行为。裁判员有义务服从裁判长的指挥和领导，在工作中必须遵循公平、公正的原则，杜绝徇私舞弊的行为。在比赛期间要做到不得接触选手、不得透露竞赛打分相关情况、评判前和结束后均不得有任何讨论等。

（2）裁判员应统一着深色正装，晚上着礼服。佩戴裁判员的胸卡，记住自己的号码，准备随时上场执裁。注意保持裁判员的形象，不得打扮得过分新奇和随意。进入比赛场后必须关闭手机并主动上缴，不得嚼口香糖上场。

（3）裁判员负责现场的直接裁判工作，要注意文明礼貌和修养。裁判员监督场上选手的比赛全过程，严格按照裁判法对选手的技术动作、比赛套路和艺术表现进行公正打分；打分标准不得有风格、门派之分，不得有轻视和侮辱选手的情况出现。

（4）裁判员必须提前30分钟到场。在裁判员候场席以及场上执裁时，要与其他裁判保持一定的距离，严禁交谈说话；在执裁拉丁舞时，应该适当地移动位置，以便看到每一位选手的表演。

（5）裁判员在比赛前应积极参加培训活动，了解组委会对裁判员的要求、竞赛安排、各个比赛舞种评分的基本情况，并了解和熟悉比赛过程中可能出现的各种问题和解决办法，以便能在比赛中做出正确的裁决。

（6）裁判员未经同意不得擅自发布关于比赛的言论。

（7）接受中国体育舞蹈联合会和组委会的考评。

（8）裁判员需签署并严格遵守《中国体育舞蹈联合会裁判员承诺书》（见附件1-3-5）的相关要求和处罚规定。

4. 有关比赛中对裁判员的投诉

（1）在比赛过程中，无论该裁判员是否执裁，被中国体育舞蹈联合会指定的裁判长都有权检查其是否服从裁判规定。

（2）任何有关比赛中违反裁判规定的投诉，都需中国体育舞蹈联合会的会员协会的正式代表以书面形式提出，并提交裁判长。

（3）如果裁判长有理由相信，其领导的执裁小组的裁判员确实出现了违反裁判规定的行为，那么他有权通知该裁判员，并听取其答复，然后立即按照裁判规定的条款采取适当行动。

（4）裁判长有权更换合适的裁判员来执裁接下来的比赛。

（5）裁判长应将每个突发事件、被声称和被怀疑的错误行为，以及谴责和更换裁判等记录在案，连同赛事报告汇报给中国体育舞蹈联合会主管官员，由主管官员决定是否要进一步深入调查。无论有没有建议，中国体育舞蹈联合会主管官员都需要就上述事件向中国体育舞蹈联合会主席团进行报告，以供审议。

（三）计分长

1. 计分长工作职责

计分是竞赛工作中非常重要的环节，是直接决定选手成绩和竞赛质量的重要部分。在竞赛长的领导下，计分长负责报到后的分组表和赛程的调整操作，保证各类竞赛表格准确、出单快速和成绩统计准确无误，及时公布成绩。

(1) 计分长必须具有服务意识和认真负责的职业精神，遵照细致、公正、准确、快速的原则进行计分统计工作。赛前要检查计分电脑、墨盒、纸张等竞赛用品到位情况，选手号码、赛程表、更新的分组表、计分员到位情况，证书质量和数量是否符合要求，成绩公布是否符合要求等。

(2) 严格遵守竞赛规程和竞赛规则。涉及竞赛修改、合并组别等重大竞赛问题要及时上报，由竞赛长通知后方可进行操作。在接受报到（改组、补报、计分故障、成绩失误等）、赛程调整、竞赛公布等工作出现问题时，要及时汇报，不得擅自做出决定。

(3) 计分长负责监督计分人员岗位工作情况，严禁选手和裁判员进入工作区域，更不得提前透露选手录取和进入下一轮的情况以及其他裁判打分情况。所有竞赛材料必须保密。

(4) 对各代表队选手要态度和蔼，不能简单粗暴，要坚持原则，耐心解答，调解说服。遇到选手申诉复查的情况，要严格按照竞赛规则处理。收取的申诉费按照规定统一登记保管，赛后如实上缴组委会。

(5) 赛后要负责保存比赛的原始资料，不得遗失，并按照赛程顺序整理后移交组委会。对本次竞赛计分工作做出总结，上交组委会。

(6) 接受中国体育舞蹈联合会和组委会的考评。

2. 计分长工作细则

计分长工作细则见表 1-4。

表 1-4 计分长工作细则

时间节点		工作任务	地点	人员分配与对接方法
赛前	1. 赛前1个月	(1) 与竞赛长衔接，配合中国体育舞蹈联合会共同拟定比赛的规程设项； (2) 和竞赛长共同拟定赛前预报，确定各个组别在比赛期间的日期安排，以便选手提早规划行程。	网络或者电话	与中国体育舞蹈联合会领导及竞赛长保持沟通，确保设项及赛前预报的合理性。
	2. 赛前10天	(1) 赛前十天，汇总所有报名资料，对选手名单进行梳理，根据报名情况作出最初赛程安排； (2) 依据赛程设计科学化的要求，从选手的角度出发，将科学性、合理性、人性化相结合，既要保证选手有合理的体力安排，也要保证赛事的顺利进行； (3) 赛程要和承办赛事的地方沟通，了解各个地方的具体特点，对赛事进行合理的调整； (4) 协助进行赛程的发布； (5) 提供选手名单及赛程给承办方，用于制作秩序册。	网络或者电话	(1) 与中国体育舞蹈联合会领导保持沟通，确保赛程编制的及时性和科学性； (2) 与竞赛长沟通最初赛程编排的大框架，并根据修改意见及时调整； (3) 与承办单位保持联系，使赛程更符合地方的具体情况，并及时作出调整。
	3. 赛前2天	(1) 到达承办城市，对接当地承办单位，根据承办方反馈的情况，合理地准备报名等所有工作。 (2) 参加竞赛会议，提供本次比赛的具体数据，使领导能及时把握赛事节奏，进行决策和监督。 (3) 对接竞赛物资等部门的相关人员，清点包括打印机等计分所需竞赛用品的数量，同时要确保设备的正常运行。对发现的不足要及时提出，让承包方能做出调整。 (4) 查看证书的纸张和格式，如果有问题，要及时和承包方沟通。	比赛场地	(1) 竞赛会议上，与中国体育舞蹈联合会领导及竞赛长对接，及时反馈有关赛事的所有问题； (2) 与各部门具体负责人对接，确保能落实到人； (3) 如果发现缺少设备或竞赛所需用品，及时和对应人员沟通，以确保第二天报名及比赛所需要的用品齐全。

续表

时间节点		工作任务	地点	人员分配与对接方法
赛前	4. 赛前1天	(1) 在选手报名前，检查所有设备，以保证所有设备能正常使用； (2) 查看前一天检查出的问题物品是否更换； (3) 准备选手报到单； (4) 做好选手报名工作； (5) 与财务对接，为财务提供选手名单及报名费用报表； (6) 将最后基本报名情况及时反馈给中国体育舞蹈联合会领导和竞赛长，包括选手人数、代表队情况等，但原则是不改动已经发布的赛程，如果发生人员的重大变动要告知所有有关部门，不能擅自对赛程进行大规模调整； (7) 与裁判长沟通最后确认的赛程，为其安排裁判提供准确赛程； (8) 如果使用Pad打分，提前准备设备并保证设备电量充足； (9) 为“五长一人”(裁判长、竞赛长、音乐长、礼宾长、检录长、主持人) 提供准确赛程。	比赛场地	(1) 向中国体育舞蹈联合会领导和竞赛长及时汇报人员报名情况，将调整的内容公示给各个代表队； (2) 与承包单位对接人员沟通，确保前一天检查有问题的项目及时调整到位； (3) 与各代表队领导沟通，确保最终的选手名单正确； (4) 与财务协调，提供报名信息和报名费用报表； (5) 把准确赛程交于裁判长，并根据裁判长确定的裁判名单录入系统； (6) 与“五长一人”沟通，提供准确赛程，如有重大变动提前告知。
	5. 临上场前(1小时)	(1) 进入赛程，架设设备，安装打印机等设备； (2) 为裁判长准备裁判上场表和裁判使用的裁判单； (3) 如果使用Pad打分，确保设备电量、数量充足且无故障； (4) 为检录长提供检录单据； (5) 为主持人提供赛程； (6) 为音乐长提供赛程。	比赛场地	(1) 与承办方对接人员沟通； (2) 为裁判长提供赛程和裁判上场表； (3) 为检录长提供检录单； (4) 为主持人提供赛程； (5) 为音乐长提供赛程。

续表

时间节点		工作任务	地点	人员分配与对接方法
赛中	6. 整个赛事期间	(1) 严格按赛程表时间进行，及时提供每一轮的单据； (2) 对场内裁判提出的设备或者裁判单据等问题及时解决； (3) 及时公布所有成绩及裁判打分情况，打印证书； (4) 及时处理比赛过程中出现的问题； (5) 对志愿者进行培训及演练； (6) 为财务提供选手获奖信息，以确保其对奖金的颁发。	比赛场地	(1) 时刻与各部门保持联系，及时处理各部门反映的问题； (2) 在现场与选手们保持交流通畅，及时处理或解释选手提出的问题。
	7. 突发事件	(1) 备份数据，以确保在设备有问题的情况下不影响比赛，确保比赛按预计时间顺利进行； (2) 对选手的问题，包括背号上场等问题，及时调整或耐心解释； (3) 及时给竞赛长反馈投诉的问题，使其按正确程序处理。	比赛场地	冷静处理问题，保持对讲机联系，寻求最佳解决方案。
赛后	8. 赛后1周内	(1) 为媒体提供比赛的详细数据； (2) 总结本次比赛所有的问题及数据，为下次比赛积累经验。	网络或者电话	(1) 为媒体提供数据； (2) 与竞赛长沟通，为下次比赛做准备。

（四）检录长

1. 检录长工作职责

检录长负责按照赛程提前检查器材和人员到位情况，提前使各个组别选手准备到位，保证赛事的顺利进行。

（1）检录工作是整个比赛过程的引导和启动环节，是赛事能否顺利进行的重要一环，因此，要求检录长能熟悉整个竞赛环节，全力做好服务，积极主动地配合赛事进行。

（2）赛前1小时要拿到竞赛联络表，检查检录器材是否到位，了解检录员培训情况，提前准备公示牌，熟悉检录场地和上、下场路线。了解开幕式程序、颁奖程序和要求，组织进场选手，并按照要求提前做好准备。

（3）不断评估检查公告宣传的效果，确保所有参赛人员熟悉赛程进度和竞赛要求，保证竞赛顺利进行。力争杜绝误场、盲目等待现象，确保检录工作有序、安全地进行。

（4）时刻关注比赛进程和颁奖进程，做到“脑勤、手勤、腿勤”。按照竞赛要求及时核对上场选手号码和人数，新的信息要及时告知竞赛长、裁判长。坚持公平竞赛的原则，提前30分钟开始检录，15分钟再次核实，上场前5分钟未到的选手情况要及时统计上报竞赛长。对联络表上没有的选手必须劝离比赛场地。大会主持人宣布未到场的选手弃权后，不允许其再上场比赛。

（5）积极探索有效的检录办法，针对检录工作的特点创立符合实际的操作办法。对少儿选手、常青组选手等要格外仔细，安排专人定时催场，避免漏场弃权情况发生。出现选手未上场比赛的情况必须马上通知主持人和计分长。

（6）接受中国体育舞蹈联合会和组委会的考评，赛后对检录工作进行总结。

2. 检录长工作细则

检录长工作细则见表1-5。

表1-5　检录长工作细则

时间节点		工作任务	地点	人员分配与对接方法
赛前	1. 赛前半个月	（1）接到中国体育舞蹈联合会工作选派函； （2）了解赛事规模和工作时间表，确定到会和离会时间； （3）熟悉赛事基本情况，与主办单位商讨组建检录团队（根据赛事规模，确定检录人员数量，最少4人）； （4）了解赛程，要求主办方准备赛事检录用品（检录音响、板夹、胶带、夹子、架子或绳子、笔）； （5）了解赛事规模，重视不同组别项目。		（1）根据中国体育舞蹈联合选派函，与主办单位负责人确定到会与离会的准确时间； （2）与主办单位和承办单位建立微信、电话联系。

续表

时间节点		工作任务	地点	人员分配与对接方法
赛前	2. 赛前 2 天	(1) 到达比赛城市，参加竞赛会议，确定赛事所有流程； (2) 与主办方对接工作，根据比赛规模组建检录团队； (3) 与检录人员建立联系方式（建立检录团队微信群）； (4) 确定比赛准确到岗时间； (5) 根据比赛流程做出检录工作细节（检录长分配检录人员具体工作）； (6) 检查所需检录器材（检录音响、板夹、胶带、夹子、架子或绳子、笔）。	比赛场地	(1) 竞赛会议上，熟悉各部门负责人并建立联系； (2) 与主办方负责检录人员确定检录团队规模。
	3. 赛前 1 天	(1) 赛前培训（检录长负责对检录人员进行检录工作培训）； (2) 熟悉检录场地，如检录路线、选手的入口、选手退场口； (3) 根据赛程提前设置场地，A、B、C、D 场地； (4) 一检、二检、三检人员安排。	比赛场地	(1) 与竞赛长沟通整个赛事的安排； (2) 与计分长沟通确定竞赛检录表； (3) 与礼宾长沟通确定颁奖组别、时间； (4) 开启对讲机，建立竞赛团队联系； (5) 21 点汇报检录准备工作情况。
	4. 临上场前 (45 分钟)	(1) 检录长拿到竞赛日程表、检录表，并及时送达检录人员； (2) 开启检录音响、领取检录器材（检录长检查检录员到岗情况，赛事工作开始）； (3) 张贴赛程表； (4) 张贴比赛场次表； (5) 开始预报检录。	比赛场地	(1) 赛前 30 分钟第一检录开始，根据赛程表负责喊号整队； (2) 检录引导员负责输送检录好的选手在赛前 15 分钟到达第二检录区，第二检录人员仔细核对选手号码；

续表

时间节点		工作任务	地点	人员分配与对接方法
赛前	4. 临上场前(45分钟)			(3) 赛前5分钟第三检录人员将比赛选手带到比赛上场口； (4) 联系竞赛长、裁判长、主持人，检录工作准备就绪，比赛可以开始。
赛中	5. 赛事期间	(1) 严格按赛程表时间提前检录； (2) 掌控整个检录秩序，提前备好下一场比赛选手； (3) 将准确输送上场选手人数； (4) 根据赛程随时调整比赛场地。	比赛场地	(1) 选手上场前核对场次是否正确； (2) 确保上场选手准确无误； (3) 将缺席选手名单及时告知主持人和竞赛长。
	6. 突发事件	赛事如出现意外须及时和竞赛长、主持人沟通处理。	比赛场地	冷静保持对讲机联系，寻求最佳解决方案。
赛后	7. 赛后1周内	对本场次比赛检录工作进行总结。	媒体网络	

（五）礼宾长

1. 礼宾长工作职责

礼宾长负责赛会的开闭幕式、颁奖仪式的设计和执行。接待领导和嘉宾参加比赛现场的相关礼仪活动。

(1) 要具备“服务赛会、服务选手”的意识，熟悉整个赛事的流程和进程，设计开幕式程序方案，报组委会批准后执行。认真培训礼仪人员，制订领导嘉宾颁奖方案。赛前要仔细清点奖杯或奖牌的数量、标牌，检查质量，发现问题及时向组委会汇报。

(2) 需要发放奖金的组别，要提前检查奖金数量、奖金卡是否准确无误。

(3) 对礼仪人员进行赛前培训，颁奖流程清楚且符合国际奥委会规范。

(4) 协助竞赛长完成其他相关竞赛工作。

(5) 接受中国体育舞蹈联合会和组委会的考评，并对礼宾工作进行总结。

2. 礼宾长工作细则

礼宾长工作细则见表 1-6。

表 1-6　礼宾长工作细则

时间节点		工作任务	地点	人员分配与对接方法
赛前	1. 赛前半个月	(1) 接到中国体育舞蹈联合会工作选调函; (2) 了解赛事规模和工作时间表，确定到会和离会时间; (3) 熟悉赛事基本情况; (4) 了解竞赛规程及时间表，以便全面掌握赛事流程与节奏; (5) 关注本次赛事所有新闻媒体的报道。	网络或者电话	(1) 根据中国体育舞蹈联合会选调函，与大会组委会有关负责人确定到会与离会的准确时间; (2) 与颁奖、礼仪负责人联系，确定奖品制作数量与颁奖所需用品; (3) 根据赛事规模选调旗手，引导、颁奖及礼仪人员。
赛前	2. 赛前2天	(1) 到达比赛城市，参加竞赛团队会议，确定赛事所有框架，熟悉人员配备并建立联系，确定仪式所有流程和细节; (2) 按照赛事要求与有关人员进行赛前对接并提出相关要求; (3) 商定工作小组分配时段和准确到岗时间; (4) 确定领奖工作室并制作示意图。	比赛场地	(1) 竞赛会议上，熟悉所有工作人员并建立联系; (2) 与相关负责人接洽，进一步落实原约定筹备工作情况。
赛前	3. 赛前1天	(1) 达到赛场，熟悉环境，布置领奖处并张贴示意图; (2) 核对奖品、清点颁奖用品，召集工作人员，布置工作任务并提出工作要求; (3) 了解开幕式议程，调集所有礼仪人员; (4) 进一步跟踪赛事情况，以便掌握赛事动态; (5) 与竞赛长、裁判长确定颁奖组别及颁奖人员; (6) 配合竞赛长召开领队、教练员工作联席会。	比赛场地	(1) 召集选调的工作人员开会并分工，责任到人; (2) 清点奖品数量并核对奖品，检查奖品是否有损坏（如有，需及时修复、弥补）; (3) 召集礼仪人员进行赛事礼仪培训; (4) 配合大会组委会进行开幕式彩排和演练;

续表

时间节点		工作任务	地点	人员分配与对接方法
赛前	3. 赛前1天		比赛场地	(5) 与音乐长对接并沟通，确定国歌、颁奖音乐等； (6) 与竞赛长、检录长对接，确定颁奖项目、组别及组织获奖人员领奖。
	4. 临上场前(30分钟)	配合竞赛长做好开赛前的各项准备工作。	比赛场地	各就各位。
赛中	5. 整个赛事期间	(1) 严格按赛程表的时间进行工作； (2) 做好领奖、颁奖的各项工作； (3) 与赛事秘书、竞赛长、裁判长、主持人核对开幕式议程有无变化，以便随时调整工作程序； (4) 与赛事秘书确定颁奖领导和嘉宾； (5) 组织颁奖。	比赛场地	(1) 时刻与"五长一人"保持联系，以便应对各种变化； (2) 准备奖品，组织礼仪小姐提前做好颁奖的各项工作准备； (3) 与赛事秘书对接，确定颁奖领导和嘉宾并负责其到位。
	6. 突发事件	保持高度认真的工作状态，随时应对突发事件。	比赛场地	保持冷静应对，寻求最佳解决方案。
赛后	7. 赛后1周内	观看赛事回放和赛后新闻报道，总结礼宾工作的优缺点，以便日后取长补短。	媒体网络	

（六）音乐长

1. 音乐长工作职责

在规程规定的范围内，音乐长负责掌控所有与比赛项目有关的音乐和大会仪式的音乐播放。

(1) 严格遵守竞赛规程，遵守大会纪律和相关规定，服从竞赛长的管理和指挥。

(2) 具备职业素养，坚守岗位，认真负责，吃苦耐劳，提前准备比赛音乐和设备。

（3）比赛过程中，如果赛程有变动，必须得到竞赛长明确指示，否则音乐长短按照规定播放，裁判长和竞赛长有权根据赛程对音乐做出调整。

（4）有义务准备比赛音乐，决赛音乐需要裁判长挑选确定。

（5）有责任搜集质量高、优美动听的比赛用音乐。

（6）等级赛和6人集体舞要严格按照中国体育舞蹈联合会公布的音乐进行比赛。（下载地址：中国体育舞蹈联合会竞赛报名系统 https：//www. cdsfcm. com/index. mjb。）

2. 音乐长工作细则

音乐长工作细则见表1-7。

表1-7 音乐长工作细则

时间节点		工作任务	地点	人员分配与对接方法
赛前	1. 赛前半个月	（1）接到中国体育舞蹈联合会工作选派函； （2）了解赛事规模和工作时间表，确定到会和离会时间； （3）熟悉赛事基本情况； （4）了解赛程表，以便准备足够的比赛曲目； （5）至少准备两台电脑，以备不时之需。	网络或者电话	（1）根据中国体育舞蹈联合会选派函，与后勤负责人确定到会与离会准确时间； （2）与工作组人员对接，了解本次比赛音乐组人数，以及大致的人员分配情况。
	2. 赛前2天	（1）到达比赛城市，参加竞赛团队会议，了解赛事所有框架； （2）检查所有音乐，确保音乐不会出现卡顿以及音质过差的情况； （3）与所有音乐组人员会面并开会。同时检查备用电脑运行情况，并把音乐拷贝进备用电脑； （4）准备中华人民共和国国歌； （5）在大型国际比赛中，还需准备所有参赛人员国家的国歌，同时确定国歌与对应国家没有差错。	比赛场地	（1）竞赛会议上，熟悉所有工作人员并建立联系； （2）与开幕式负责人会面，了解开幕式所有环节； （3）分配好白天赛事音乐、晚场赛事音乐、开幕式音乐、暖场音乐、颁奖音乐和赛事追踪的负责人员。

续表

时间节点		工作任务	地点	人员分配与对接方法
赛前	3. 赛前1天	(1) 在赛场进行彩排，确定音乐音量大小，同时再次确认电脑运行情况以及音乐播放的流畅性，确保不会出现卡顿； (2) 确定独舞环节和斗牛舞两小节、三小节的音乐； (3) 与音乐团队负责人员进行二次会议，确保所有环节没有遗漏； (4) 让负责每一环节的人员都播放音乐，熟悉比赛场地，以最快的速度熟悉比赛； (5) 确定在整场赛事以及开幕式环节中是否需要播放VCR，如需要播放，则需确定VCR是自带音乐还是由音乐组播放； (6) 在比赛中的休息时段，如有表演环节，则需搜集表演环节的音乐，同时确保表演音乐没有问题。	比赛场地	(1) 与竞赛长沟通整个赛事节奏和晚场开幕式的安排，同时确定是否有独舞环节，以及斗牛舞两小节和三小节在赛事轮次中的分配； (2) 与计分长沟通，确定计分方式，以便掌控亮分时间和颁奖的节奏； (3) 与裁判长沟通，确定裁判上场人数和比赛方式； (4) 与礼宾长沟通，确定开幕式和颁奖仪式的每一个环节的大致时长； (5) 与主持人沟通，确定彼此工作环节没有出现交错、遗漏等情况，同时和主持人沟通播放每一类型音乐的时机； (6) 与检录长沟通，确保所有比赛轮次没有出现交错、遗漏等情况； (7) 开启竞赛团队对讲机。
赛前	4. 临上场前(30分钟)	(1) 确定赛程是否有调整； (2) 再次确认开幕式所有环节是否有变动，如有变动，则需马上调整音乐次序； (3) 与其他团队联系，确定所有环节在赛前是否出现变动； (4) 同时播放暖场音乐，音量适中即可。	比赛场地	(1) 与其他竞赛团队的负责人员保持联系，以确定比赛是否按原计划进行； (2) 让所有音乐组人员再次检查音乐是否完整、播放顺畅。

续表

赛中	5. 赛事期间	(1) 严格按赛程表进行，掌控整个比赛现场的节奏和气氛； (2) 密切关注场上情况，做好赛事音乐与暖场音乐的转换，同时关注主持人，确保播放的音乐与主持人的台词吻合； (3) 密切关注比赛轮次、组别的情况，为接下来的音乐播放做好准备； (4) 比赛轮次、组别如出现延迟，则需适当缩短每一轮次比赛音乐的播放时间（注：如出现提前，则可以适当延长每一组别的音乐播放时间）； (5) 在斗牛舞环节中，确保不会出现两小节音乐和三小节音乐混播的情况； (6) 确保每一首音乐不会出现突然停止的情况； (7) 在国际赛中，最终排名出现后，要在准备好的曲库中提出对应国家的国歌，同时确保没有差错。	比赛场地	(1) 时刻与其他竞赛团队负责人员保持联系，密切关注赛事轮次是否出现延迟、提前、推后等情况； (2) 在每一天的赛事中，最少需要三人在现场，两人负责播放音乐，一人负责赛事追踪； (3) 在整个赛事过程中，如条件允许，可以进行人员轮班； (4) 赛事追踪人员需时刻关心开幕式的最新情况和赛事进行的最新情况。
	6. 突发事件	(1) 保持备用电脑正常工作，需要时可随时替换现有设备，以备主电脑出现故障时可以用最快的速度接上比赛音乐； (2) 如出现播放音乐错误，则需以最快的速度切换至正确的音乐。	比赛场地	冷静处理突发事件。
赛后	7. 赛后1周内	总结整场赛事的音乐播放情况。如出现错误，则需反思总结。如果没有出现错误，则需总结整场赛事音乐流畅运行的原因，并在下次赛事中继续保持。	网络	

（七）主持人

1. 主持人工作职责

在赛事中，主持人需对组委会负责，忠实准确地执行赛事安排，并为每轮比赛报幕和进行简短点评。

(1) 主持人要熟悉整个竞赛流程和赛程安排，要在赛前备好开幕式主持词，并反复练习，保证主持工作顺利、圆满完成。

(2) 作为赛场受众焦点，主持人要加强自身修养，不断补充新鲜知识，不断提高主持水平。要始终保持良好的仪表。

(3) 主持人要接受和服从竞赛长的管理，严格遵守竞赛规则和比赛纪律要求。要公正、公平、明确地将竞赛事宜公示给参赛运动员。主持期间对比赛成绩严格保密，不能和选手等无关人员接触。

(4) 比赛期间严格按照赛程主持比赛进程，在进行调整赛程、宣布选手弃权或公布成绩等工作时，需得到竞赛长或裁判长的明确授权。

(5) 提前准备主持人需要的开场音乐和比赛音乐。检查音响设备情况，发现问题要及时向竞赛长汇报以便迅速处理。

(6) 接受中国体育舞蹈联合会和组委会的考评，并对主持工作进行总结。

2. 主持人工作细则

主持人工作细则见表 1-8。

表 1-8　主持人工作细则

时间节点		工作任务	地点	人员分配与对接方法
赛前	1. 赛前半个月	(1) 接到中国体育舞蹈联合会工作选派函； (2) 了解赛事规模和工作时间表，确定到会和离会时间； (3) 熟悉赛事基本情况，草拟新闻发布会和开幕式主持稿； (4) 了解赛程表，以便掌握赛事节奏； (5) 关注本次赛事所有新闻媒体的报道，收集素材。	网络或者电话	(1) 根据中国体育舞蹈联合会选派函，与后勤负责人确定到会与离会的准确时间； (2) 与主办方和承办方联系，确定新闻发布会议程和开幕式基本议程； (3) 查阅各种舞蹈网站和微信公众号。

续表

时间节点		工作任务	地点	人员分配与对接方法
赛前	2. 赛前2天	(1) 到达比赛城市，参加竞赛团队会议，确定赛事所有框架，熟悉人员配备并建立联系，确定开幕式和新闻发布会所有流程和细节； (2) 拟新闻发布会和开幕式主持稿； (3) 确认主持人工作小组分配时段和准确到岗时间； (4) 请中国体育舞蹈联合会秘书长审核新闻发布会主持稿； (5) 加入赛前宣传工作，配合中国体育舞蹈网采访； (6) 准备、整理主持使用的服装和佩饰。	比赛场地	(1) 竞赛会议上，熟悉所有工作人员并建立联系； (2) 与当地开幕式负责人接洽，以便时时更新开幕式领导出席情况和议程变化。
	3. 赛前1天	(1) 主持赛前新闻发布会，收集所有领导发言稿和新闻稿； (2) 熟念本次比赛秩序册上所有领导、裁判员和选手名单； (3) 熟悉赛程表； (4) 了解每组比赛的模式：是否有独舞，是否现场亮分等； (5) 到赛场，了解选手检录路线、选手入口、选手退场口和后台分布情况，检查主持台的大小、高低及方位，调试话筒和灯光； (6) 请中国体育舞蹈联合会秘书长审核开幕式主持稿，并参加开幕式的彩排； (7) 准备主持服装。	比赛场地	(1) 与竞赛长沟通整个赛事节奏和晚场安排； (2) 与计分长沟通，确定计分方式，以便掌控亮分时间和颁奖节奏； (3) 与裁判长沟通，确定裁判上场人数和选手比赛方式； (4) 与礼宾长沟通，确定颁奖时间和颁奖领导； (5) 与音乐长沟通，确定开幕式的音乐； (6) 与检录长沟通，熟悉检录流程； (7) 开启竞赛团队对讲机。

续表

时间节点		工作任务	地点	人员分配与对接方法
赛前	4. 临上场前(30分钟)	(1) 确定赛程是否有调整； (2) 开幕式前，请中国体育舞蹈联合会秘书长再次确定领导名单； (3) 与“六长”（竞赛长、计分长、裁判长、礼宾长、音乐长、检录长）联系，确定原定方案是否有变化。	比赛场地	与中国体育舞蹈联合会秘书长和“六长”保持对讲机联系，以确定是否按原方案进行。
赛中	5. 赛事期间	(1) 严格按赛程表进行； (2) 掌控整个比赛现场的节奏和气氛； (3) 宣传体育舞蹈、中国体育舞蹈联合会、赞助商、明星选手； (4) 协助裁判长清点选手人数和裁判人数； (5) 主持整个赛事，包括开幕仪式和颁奖仪式； (6) 协助各部门公告各种信息； (7) 选手现场点录，三遍不到场视为弃权； (8) 协助裁判长清点服装和动作超标选手。	比赛场地	(1) 时刻与“六长”保持对讲机联系，以便应对各种变化； (2) 在现场与选手们保持交流通畅，让他们能顺利完成比赛； (3) 根据赛事联络表和赛程表进行沟通。
	6. 突发事件	(1) 赛前准备一些主持词，以备冷场使用； (2) 如遇突发事件，要现场合理化解，将大事化小、小事化无，始终传递体育舞蹈的正能量。	比赛场地	冷静处理问题，保持对讲机联系，寻求最佳解决方案。
赛后	7. 赛后1周内	(1) 观看赛事回放和赛后新闻报道，总结主持的优缺点，以便日后取长补短； (2) 大量的赛后报道是积累日后主持词的良好途径。	媒体网络	

（八）竞赛志愿人员

竞赛志愿人员以在校大学生为宜，要求能坚守岗位，工作认真，有一定的接待能力和组织协调能力，能提前到位参加培训。

竞赛志愿人员分工如下：

① 记分辅助员：4 人。

② 收发 Pad 志愿者：4 人。

③ 音乐志愿者：2 人。

④ 颁奖小姐：8~10 人。

⑤ 检录员：12 名，男性，最好有参加大型活动或竞赛的工作经验。

⑥ 安保人员及志愿者：根据体育场位置需要确定安保人员及志愿者人数，确保 VIP 席的秩序。布置足够数量的移动隔离带。比赛场内各个进、出口严格把关，没有证件不得进、出场。

⑦ 观众席志愿者：保证观众和运动员分流，观众不能随意进入场地。保证运动员入口不能有其他人员进入，确保场地内的秩序。保障观众有序进、退场。

二、竞赛评判工作相关要求

（一）裁判员评判要素

1. 时值和基本节奏

裁判必须确定选手是否按时值和基本节奏进行表演。“时值”是指每一舞步的时间正好与音乐合拍。“基本节奏”是指在规定时间内完成舞步并且保持舞步之间正确的时间关系。

如选手的时值和基本节奏错误时，其该项舞蹈的所得分数必须是最低的。这种错误不能通过其在评判要素第 5 项的良好表现来弥补。

2. 身体线条

“身体线条”是指两位选手作为一个整体在运动中身体各部位构成的整体效果，选手应表现出优美的舞姿。

身体线条分为：①手臂线条；②背部线条；③肩部线条；④髋部线条；⑤腿部线条；⑥颈部和头部线条；⑦左侧和右侧线条。

3. 舞蹈的风格

裁判必须确定选手是否正确掌握该舞蹈的风格特点。标准舞中，要评估选手动作的升降、倾斜和平衡，在拥有良好的控制、平衡能力的情况下，动作幅度越大得分越高；在拉丁舞中，则要评估每种舞蹈典型的髋部动作。

4. 节奏表现力

裁判必须评估选手的舞蹈节奏表现力。这反映选手对舞蹈节奏的感受、理解与适应能力以及在舞蹈中对音乐主题特性的理解与表现。但如果动作与节奏不合拍，也要按违反第1项处理。

5. 步法技巧

裁判必须评估选手是否正确表现舞步的脚法，如每一步的足着点是脚掌、脚跟或脚趾等，以及脚步移动的控制和表达。

（二）裁判员评判要求

评判工作自选手进入比赛位置时开始，只有当音乐停止时方告结束。在整个舞蹈表演过程中，裁判必须不断地给选手打分并在必要时修正分数。

在淘汰赛和决赛中，如果音乐尚未结束而选手停止表演，则其该项舞蹈的分数列最后一位。

裁判必须在规定时间内对选手的表演进行单独评判。若考虑任何其他因素，比如选手的名气、以往的表现或在其他舞种中的表现都是不允许的。

裁判无需向选手解释评分结果。在比赛过程中或两轮比赛之间，不允许和任何人讨论参赛选手或他们的表现。

对于所有舞种，选手的时值和基本节奏是裁判打分的首要因素。因此，如果选手重复犯此错误，那么其该项舞蹈的分数列最后一位。

（三）裁判员评判技巧

1. 淘汰赛评判技巧

（1）心中有数。裁判员要始终保持清醒的头脑，按照本轮需要录取的对数，快捷而准确地挑选入围选手。多组轮流上场比赛时，原则上可以均分各组录取指标。如组与组之间强弱差异明显，可打乱均分概念，采用强组录多、弱组录少的非等额录选方法，直至做到与录取总数吻合。但绝不允许超出，否则，本评分单无效。因此，裁判员要经常核对或留意录选状态。

（2）录选的依据与技巧。以评判要素中前两条——时值和基本节奏、身体线条为主要依据，其他几条可作为辅助。确认后迅速记录选手背号。如果在录选一对选手时犹豫，可以在其号码旁标注符号，以便最终综合对比、择优录取。

（3）一动一静。这里的“动”是指进行非游走性拉丁舞舞种的评判时，需要裁判员移动着工作，以便于全面、综合地浏览全场的选手，从而做出准确的评判。但是，“动”要有度，不可随意穿行，毕竟场上选手是主体。可以沿平行线或同向圆形线路缓慢移动。而“静”是指进行标准舞、桑巴和斗牛舞评判时，裁判员可以在固定位置工作。通常情况下，每一对参赛运动员都会近距离从裁判员的视线前经过，裁判员只需对比和判断即可。如果决定录选一对选手但始终没机会看到其背号，责任不在裁判本身，切忌钻入选手群中或是追随选手，以免干扰其他选手的正常发挥。

（4）签字意识。裁判员的评分单是决定选手成绩、复核评分工作的重要凭证。因此，上交评分单之前裁判员在签字栏处签字是必需的程序，方式为在代表本裁判员番号的字母下画钩，或直接签署名字；评分单可以涂改，但涂改处也必须签字，否则，裁判长有权决定本评分单无效。（注：如果是电子评分器，则可在每轮次比赛结束后，经检查确认无误，点击提交按钮，最后完成签名。）

2. 决赛评判技巧

（1）音乐开始 30 秒后下笔。除非场上参赛对数过少，通常情况下，裁判员要仔细对比每对选手的临场表现，做到在比赛音乐开始 30 秒之后下笔填写评分表。这样，有利于公正、准确地做出评判。

（2）建议以先次后优的顺序打分。经 30 秒的全场审视之后，裁判员要在场上先找出后两名选手，第一个下笔的是第 6 名，其后是第 5 名。然后，用更多的时间去观察、对比前两名的选手，确认后填写第 1 名和第 2 名。再将剩余的时间留给第 3、4 名的对比工作，即使时间不足，只要第 1、2、5、6 名已顺利排位，基本上能够保证本次评判的准确性和有效性。

（3）建议采用不同的评判要素优先次序进行评判。第 5、6 名的对比着重于谁更差，可依据时值与基本节奏、身体线条来做出评判。而第 1、2 名的对比着重于谁更优，依据评判要素的全部内容做出慎重、客观的评判。

三、比赛的顺位计分方法

（一）淘汰赛计分规则

1. 入围条件

计分员将单项舞评分单上各裁判员打“√”的记号记入预赛、半决赛用的淘汰表，获“√”数列前的选手即裁判员认可进入下一轮次的选手。记分员统计每对选手获“√”数的多少，按照规定名额确定参加下一轮比赛的选手。

2. 并列的处理办法

若出现入围选手数量超出录取名额而降位录选又不足的情况，即名次并列。例如：24 进 12 的预赛，出现第 10 名获 25 个“√”，第 11 名有 4 对选手同时获得 26 个“√”。通常有两种方法解决：一是全部进入下一轮，即使超出名额指数；二是并列的选手进行一轮加赛。通常，加赛由一名主要裁判进行单独评判，以避免再次发生并列情况。

（二）单项舞顺位规则

在各位次上率先获得过半数裁判判定的选手获得该顺位的名次，举例见表 1-9。

表 1-9　单项舞顺位规则例表（无特殊情况）

背号	裁判员					顺位						名次
	A	B	C	D	E	1	1—2	1—3	1—4	1—5	1—6	
11	1	5	1	1	2	3	—	—	—	—	—	1
21	2	2	5	4	1	1	3	—	—	—	—	2
31	3	3	3	2	3	—	1	5	—	—	—	3
41	4	4	2	3	4	—	1	2	5	—	—	4
51	5	1	4	5	5	—	1	1	2	5	—	5
61	6	6	6	6	6	—	—	—	—	—	5	6

说明：在表 1-9 中，11 号选手在“第一顺位”获 3 个第 1 名，超过裁判半数，为第 1 名；21 号选手在“第二顺位”获 3 个名次（2、2、1）为第 2 名。以下类同，计分后划去空白位次。

在同一顺位上有两对以上选手获过半数，则按数值多少决定名次，多者名次列前，举例见表1-10。

表1-10 单项舞顺位规则例表（同一顺位过半情况）

背号	裁判员					顺位						名次
	A	B	C	D	E	1	1—2	1—3	1—4	1—5	1—6	
12	1	1	1	4	4	3	—	—	—	—	—	1
22	3	2	2	1	1	2	4	—	—	—	—	2
32	2	5	5	2	2	—	3	—	—	—	—	3
42	4	3	4	5	3	—	—	2	4	—	—	4
52	5	4	3	3	5	—	—	2	3	—	—	5
62	6	6	6	6	6	—	—	—	—	—	5	6

说明：在表1-10中，22号和32号选手都在“第二顺位”上获过半数，但4>3，所以22号为第2名。同样在“第四顺位”上42号获第4名。

在同一顺位上出现等数时，则将顺位数相加为其积数，用括号表示，积数少者名次列前，举例见表1-11。

表1-11 单项舞顺位规则例表（同一顺位相等情况1）

背号	裁判员					顺位						名次
	A	B	C	D	E	1	1—2	1—3	1—4	1—5	1—6	
13	1	1	1	5	5	3	—	—	—	—	—	1
23	2	2	5	1	4	1	3（5）	—	—	—	—	2
33	5	5	2	2	2	—	3（6）	—	—	—	—	3
43	3	3	4	6	1	—	—	3（7）	—	—	—	4
53	4	4	3	3	3	—	—	3（9）	—	—	—	5
63	6	6	6	4	6	—	—	—	1	1	5	6

说明：在表1-11中，23号与33号在“第二顺位”数值相等，但22号顺位积数为2+2+1=5，小于33号积数6，名次列前。同理，43号为第4名。如果出现括号内积数相等的情况，则降下一位次计算，直到得出名次为止，举例见表1-12。

表 1-12　单项舞顺位规则例表（同一顺位相等情况 2）

背号	裁判员					顺位						名次
	A	B	C	D	E	1	1—2	1—3	1—4	1—5	1—6	
14	2	1	5	1	1	3	—	—	—	—	—	1
24	1	2	2	5	5	1	3（5）	3（5）	3（5）	5	—	2
34	5	6	1	2	2	1	3（5）	3（5）	3（5）	4	—	3
44	3	3	3	3	6	—	—	4	—	—	—	4
54	4	4	4	6	4	—	—	—	4	—	—	5
64	6	5	6	4	3	—	—	1	2	3	—	6

若在第一顺位上所有选手均未获过半数，则降下位计算，直至出现过半数为止，举例见表 1-13。

表 1-13　单项舞顺位规则例表（第一顺位无过半选手情况）

背号	裁判员					顺位						名次
	A	B	C	D	E	1	1—2	1—3	1—4	1—5	1—6	
15	1	1	3	2	3	2	3	—	—	—	—	1
25	6	5	4	1	1	2	2	2	3（6）	—	—	2
35	2	4	1	5	5	1	2	2	3（7）	—	—	3
45	4	2	5	6	2	—	2	2	3（8）	—	—	4
55	5	6	2	3	4	—	1	2	3（9）	—	—	5
65	3	3	6	4	6	—	—	2	3（10）	—	—	6

说明：在表 1-13 中，15 号选手在“第二顺位”获过半数为第 1 名，其余选手在“第三顺位”未获过半数，降至第四位时出现过半数，但数值相等，则依据表 1-11、1-12 决出名次。

（三）全能顺位规则

将总分顺位表的单项名次数相加，按合计数的大小，排列选手名次，数小的名次列前，举例如表 1-14 所示。

表 1-14 全能顺位规则例表（无特殊情况）

背号	桑巴（S）	恰恰（C）	伦巴（R）	斗牛（P）	牛仔（J）	合计	名次
16	1	1	1	1	6	10	2
26	2	2	2	2	1	9	1
36	3	3	4	3	2	15	3
46	4	4	3	4	3	18	4
56	6	5	6	6	4	27	6
66	5	6	5	5	5	26	5

如果名次合计数相等，则由获得顺位次数决定名次，举例如表 1-15 所示。

表 1-15 全能顺位规则例表（名次合计数相等情况）

背号	桑巴（S）	恰恰（C）	伦巴（R）	斗牛（P）	牛仔（J）	合计	名次
17	1	1	2	4	1	9	1
27	3	2	1	1	2	9	2
37	2	5	4	5	3	19	3
47	4	3	3	6	6	22	4
57	6	6	5	3	4	24	6
67	5	4	6	2	5	22	5

说明：在表 1-15 中，17 号与 27 号选手合计数相等，17 号有 3 个第 1，27 号有两个第 1，则 17 号为第 1 名。47 号和 67 号选手合计数也相等，比较 1~4 顺位，47 号有 3 个，67 号只有两个，所以 47 号为第 4 名。

如果合计数、顺位次数都相等，则看顺位积数多少，少的名次列前，举例如表 1-16 所示。

表 1-16 全能顺位规则例表（合计数、顺位次数都相等情况）

背号	华尔兹舞（W）	探戈（T）	狐步舞（F）	快步舞（Q）	合计	名次
18	2	2	2	4	10	1
28	1	1	6	5	13	2
38	6	3	1	3	13	3
48	4	4	4	1	13	4
58	3	5	3	2	13	5
68	5	6	5	6	22	6

说明：在表 1-16 中，①28、38、48、58 号在 1～2 顺位中并列，其中，只有 28 号有两次，故为第 2 名。②38、48、58 号在 1～3 顺位中，38 号和 58 号各有 3 次，但 38 号积分为 7，小于 58 号的积分，故为第 3 名。③48、58 号在 1～4 顺位中，48 号顺位次数为 4，58 号顺位次数为 3，则 48 号为第 4 名，58 号为第 5 名。

• 注意：在评出第 3 名的名次后，不可同时下第 4 名的结论，应该本着决几比几的继续顺位原则，否则非常容易出错。

如果合计数、顺位次数、顺位积数都相等，则需将相等者的各单项名次顺位全部列出，重新进行综合顺位计算。如又相等，则可用其他方法解决。

其他方法如下，可酌情选用：

①参照上一轮淘汰赛入围票数。

②裁判长投票决定。

③按并列处理。

④看 A 裁判对其并列选手的评判结果（仅适用于单项决赛的并列处理）。

（四）日式记分方法

日式记分法是英式记分法的简化，它们都是以奇数评委中过半数评委所判定的名次为依据，用顺位排列的方法确定单项和全能名次。日式计分法较适合教练员快速识别运动成绩时使用，它是教练员临场指挥技能的一个重要标志。日式记分方法例表见表 1-17。

其具体方法如下：

①将评委给每个选手的名次由小到大顺位排列。

②在正好过半数，即（n+1）/2 处栏目的两侧用红线相切。

表 1-17　日式记分方法例表（无特殊情况）

背号	A	B	C	D	E	F	G	顺位							名次
01	1	6	1	6	1	6	1	1	1	1	1	6	6	6	1
05	5	1	2	1	3	1	3	1	1	1	2	3	3	5	3
08	2	2	5	2	2	2	4	2	2	2	2	2	4	5	2
11	4	3	6	4	5	3	6	3	3	4	4	5	6	6	6
17	6	4	4	5	4	5	2	2	4	4	4	5	5	6	5
20	3	5	3	3	6	4	5	3	3	3	4	5	5	6	4

③单项顺位规则：

以过半数评委判定顺位数的大小排列名次，小的名次列前。

如两个或两个以上顺位数相等，则看选手在该顺位以上获得几个评委的判定，即依据顺位个数的多少决定名次，多者名次列前。

说明：在表 1-17 中，决定选手 05 号和 08 号谁为第 2 名时，05 号有 4 个 2，08 号有 5 个 2，所以 08 号是第 2 名，05 号是第 3 名。

如过半顺位数相同，顺位个数亦相同，则相加顺位数以上数值（顺位积数），数值小的名次列前。

说明：在表 1-17 中，选手 11、17、20 号顺位数都是 4，顺位个数亦相同，则将顺位以上数值相加：

11 号是 3+3+4+4＝14

17 号是 2+4+4+4＝14

20 号是 3+3+3+4＝13

所以 20 号选手是第 4 名。

如顺位数、顺位个数、顺位积数都相同，则降下位计算顺位个数，多者名次列前。

说明：在表 1-17 中，决定 11 号和 17 号谁为第 5 名时，上述三项都相同，降位计算。11 号有 5 个顺位个数，17 号有 6 个顺位个数，所以 17 号是第 5 名，11 号是第 6 名。

如顺位数、顺位个数、顺位积数、降位计算都相同，则将要定的名次数相加，计算平均值。

如决定某名次时，名次数未过半数时则降位计算。

④全能顺位规则：

将各项舞名次数相加，合计数小的名次列前。

表 1-18　日式记分方法例表（全能顺位规则 1）

背号	华尔兹舞（W）	探戈（T）	狐步舞（F）	快步舞（Q）	合计	名次
101	1	1	2	5	9	1
105	3	3	3	6	15	3
108	2	4	5	4	15	5
111	6	6	1	2	15	2
117	5	5	4	1	15	6
120	4	2	6	3	15	4

如合计数相同，则看决定名位的顺位个数多少，多者列前。

说明：在表 1-18 中，决定第 2 名时有 5 个合计数相同，其中 105 号选手没有 2，108 号、117 号、120 号各有 1 个 2，111 号有两个，所以 111 号是第 2 名。决定第 3 名时，105 号有 3 个，108 号有 1 个，120 号有两个，所以 105 号是第 3 名。

如合计数相同，顺位个数相同，则相加顺位数，数值小者名次列前。

说明：在表 1-18 中，决定第 4 名时，108 号和 120 号在 4 顺位时，顺位个数相同，都是 3 个（117 号只有 2 个）。因此相加 4 顺位以上数值，108 号积数是 10，120 号积数是 9，所以 120 号是第 4 名。由于选手 108 号和 117 号在决定第 5 名时，顺位个数都是 4，顺位积数都是 15，只能采用综合顺位解决。

在名次合计数相等，顺位个数相等，各顺位积数相等时，应将各单项舞名次由小至大进行综合顺位排列。在过半数栏处用红线划出，如顺位数相等，则重新采用比较顺位个数、顺位积数的方法解决。

表 1-19　日式记分方法例表（全能顺位规则 2）

背号	顺位																				名次
17	1	2	3	3	4	4	4	4	4	4	5	5	5	6	6	6	6	6	6	6	5
18	1	1	1	1	1	2	2	2	2	2	2	2	3	3	4	5	5	5	6	6	2
19	1	1	1	1	1	2	2	2	2	2	2	2	2	3	5	5	5	5	5	5	1
110	1	2	3	4	4	4	4	4	4	5	5	5	5	6	6	6	6	6	6	6	6
111	1	1	1	1	2	2	3	3	3	3	3	3	3	3	4	4	4	5	5	6	3
112	1	1	1	1	3	3	3	3	3	3	3	4	4	4	4	5	5	6	6	6	4

说明：表 1-19 是 5 位评委对 4 项舞名次评定的综合顺位。

说明：在决定选手 18 号、19 号谁为第 1 名时，18 号有 12 个顺位个数，19 号有 13 个顺位个数，所以 19 号是第 1 名，18 号是第 2 名。

在决定第 3、4 名时，111 号有 14 个顺位个数，选手 112 号有 11 个顺位个数，所以 111 号是第 3 名，112 号是第 4 名。

在决定第 5、6 名时，选手 17 号、110 号顺位个数相等，顺位积数 17 号是 38，110 号是 40，所以 17 号是第 5 名，110 号是第 6 名。

如上述方法仍不能解决，则可用其他方法解决。

日式计分是英式计分的简化，除形式上略有差异外，在记分原则、方法和结果上是完全一致的。

日式、英式记分方法举例见表 1-20 和表 1-21。

表 1-20　日式记分方法例表

背号	A	B	C	D	E	F	G	顺位							名次
10	1	2	1	2	3	3	1	1	1	1	2	2	3	3	2
20	2	1	1	2	3	2	2	1	1	2	2	2	2	3	1

说明：在决定第 1、2 名时，选手 10 号、20 号顺位数相等，都未达到过半数，所以用过半数 2 来决定名次。结果 10 号顺位个数是 5，20 号顺位个位是 6，所以 20 号是第 1 名，10 号是第 2 名。计算结果同英式计分法一致，见表 1-21。

表 1-21　英式记分方法例表

背号	A	B	C	D	E	F	G	1	1-2	1-3	1-4	1-5	1-6	名次
10	1	2	1	2	3	3	1	3	5	—	—	—	—	2
20	2	1	1	2	3	2	2	2	6	—	—	—	—	1

四、 WDSF 评判系统 3.1 版

由 WDSF（世界体育舞蹈联合会）开发的体育舞蹈评判系统（1.0 版）最早出现在 2009 年上海举行的大满贯决赛上。时至今日，已更新至 3.1 版。新版中，评判要素未产生任何变化，仅更改了评判过程中的裁判随机分配评分要素的方法。

3.1 版评判系统的四大评判要素：技术质量、音乐的运用、配合技能、编舞与展示。这四条评判要素在标准舞与拉丁舞的运用当中略有差异，主要依据各舞系特有的舞蹈技术与风格特点而变化。

（一）标准舞

标准舞评判要素及其次级要素见表 1-22。

表 1-22　标准舞评判要素及其次级要素

标准舞四大评判要素	次级要素
技术质量	①姿势 ②握持 ③中心 ④平衡 ⑤足部技巧（足法和足位） ⑥身体动作 ⑦驱动动作 ⑧预备动作

续表

标准舞四大评判要素	次级要素
技术质量	⑨升降 ⑩摆荡 ⑪轴转（轴转动作或连续旋转） ⑫技巧性舞步
音乐的运用	①时值（拖拽节奏） ②节奏 ③音乐结构
配合技能	①身体的交流 ②超平衡（对抗平衡、抱持或急坠） ③时间与空间 ④一致性
编舞与展示	①套路结构与构成 ②非语言交流 ③位置选择（运用空间的技巧） ④舞蹈风格 ⑤能量运用 ⑥气氛

1. 评分要素一：技术质量

（1）技术质量的次级要素 1：姿势。姿势是指两位舞者的整体姿势及动态姿势，在所有运动中身体及所有其他部位的位置。其运动表现评价标准见表 1-23。

表 1-23 标准舞姿势的运动表现评价标准

一般：6 分	良好：8 分	优秀：10 分
在静态和运动过程中，都能保持身体的各部分（头、肩、胸腔、腿和脚）处于直线状态。	在进行舞蹈动作过程中，始终保持正确的姿势，能轻松地保持身体的造型。	能根据动作的变化做出相应的、持续渐进的身体姿态的正确改变。
质量描述： 1. 一条垂直轴贯穿头、肩和髋的中心； 2. 身体重量均衡贯穿头、肩、胸、髋、腿和脚； 3. 身体重量保持在脚掌时，上身稍微向上拉伸； 4. 在不需要倾斜的位置，膝盖微屈，腰和肩线与地面保持平行； 5. 女士将身体重量从身体中心位置指向舞伴，同时呈现头和身体向后的曲线； 6. 在闭式位置时，男士右下肋骨与女士右下肋骨保持接触，但在改变双人舞伴位置时做出适当的接触点变化； 7. 双方均保持脖子拉长、肩部下沉； 8. 极少出现代偿性动作（如脚的小步移动或身体的小动作，用来重获平衡和控制），明显可见多余的肌肉紧张（通常较明显的肌肉紧张发生在脖子、肩和身体部分）。	**质量描述：** 1. 在动作过程或者造型动作时，始终保持正确的姿势； 2. 在基础和复杂运动中能呈现精确的垂直轴； 3. 极少出现代偿性动作（为了平衡和控制）或明显可见的多余的肌肉紧张； 4. 保持紧张，但胸、肩、脖子区域放松； 5. 女士后背不过于成弓形弯曲。身体的延展通过位置和动作来完成，而非弓形； 6. 倾斜时，身体缩短侧和延长侧都要保持正确的身体长度； 7. 转动、旋转、身体拧转和位置改变时都需要保持正确的姿势； 8. 身体延伸时保持正确的姿势； 9. 发生非常微小的身体姿势变形； 10. 延伸和造型后，舞者能恢复到正确的身体位置以便进行下一步动作。	**质量描述：** 1. 任何情况下都能呈现非常精确的垂直轴； 2. 依靠优秀的柔韧性展现身体的延伸，并不能看到明显的肌肉紧张； 3. 在整支舞蹈过程中，始终保持动作所需的正确姿势，无扭曲、代偿性移动、拉力和过度的压力及紧张； 4. 舞者能从身体延伸和造型状态中迅速恢复到正确的身体位置以便高效地进行下一个动作的展示。

（2）技术质量的次级要素 2：握持。握持是指舞伴间的连接点，手的握持方式和双人间的运动方式。其运动表现评价标准见表 1-24。

表 1-24 标准舞握持的运动表现评价标准

一般：6 分	良好：8 分	优秀：10 分
摆荡性舞蹈和探戈舞中规定的标准化握持。	1. 身体重心能正确分布在两个脚上以获得良好平衡，舞者双方能共享身体中心。 2. 利用握持展现每个造型舞步所要求的理想的身体线条。	1. 根据每位运动员的体型，包括身高、身宽和体积，呈现正确的握持。 2. 利用握持创造每个个体动作的理想外形轮廓。 3. 利用握持增强双人动作的有效性。
质量描述： 1. 无论是在摆荡性舞蹈还是探戈舞蹈中，都能呈现每个特定握持的正确的身体结构； 2. 手和手臂通常保持在固定位置上，有时出现微小的扭曲和上下移动； 3. 手的连接应该在两个舞伴间的中间位置。	**质量描述：** 1. 舞蹈中使用适合选手的正确握持结构； 2. 保持手的位置，即使在做身体动作（拧转、倾斜、延伸等）时仍保持稳定； 3. 当改变位置时手和手臂与身体动作分离（比如：打开至 PP 位置，要转动身体和髋，而不是手）。	**质量描述：** 1. 握持结构要非常精确并完美适合这对选手，并在舞蹈中始终呈现正确的外形轮廓； 2. 手的位置一直是正确的； 3. 手的位置总是很稳定牢固的； 4. 使用分离技术来保持握持的高效性，所有过程中既不紧张，又不影响正常的引带。

(3) 技术质量的次级要素 3：中心。中心是指女士的中心（腹部至髋部）与男士的中心相接触。其运动表现评价标准见表 1-25。

表 1-25 标准舞中心的运动表现评价标准

一般：6 分	良好：8 分	优秀：10 分
在静止位置和移动中，男士、女士之间保持一个恒定的身体中心以实现双人舞伴位置。	在改变双人舞伴位置时能保持共同的身体中心。	在所有的移动中，包括完成造型舞步和改变位置，能够轻松地保持双人的身体中心。
质量描述： 1. 当双人舞伴位置发生改变时，能够保持身体中心连接，但偶尔会失去连接； 2. 舞伴之间的各种双人舞伴位置所要求的连接点通常是正确的（比如：右转第一步从闭式位开始，两人右侧肋骨相接触，并且女士右髋与男士中心线相接触）； 3. 双人舞伴位置间出现空隙，但仅限于一定的限度内（可常看见双人间的位置存在几厘米的空隙）。	**质量描述：** 1. 每个舞步都保持正确的双人舞伴位置； 2. 各种双人舞伴位置所要求的连接点基本上是正确的（比如：右转第一步从闭式位开始，两人右侧肋骨相接触，并且女士右髋与男士中心线相接触）； 3. 双人舞伴位置间极少出现空隙，但仅限于一定的限度内（可常看见双人间的位置存在几厘米的空隙）； 4. 保持双人舞伴接触位置压力正确，不可出现导致双人握持和连接僵硬的不合适的压力。	**质量描述：** 1. 双人接触点总是正确的，并完美适应于舞者； 2. 在保持双人中心时不出现紧张感； 3. 即使双人舞伴的位置发生复杂改变时，也不出现双人间的空隙，并且能完美地控制双人间接触压力，使双人连接看起来既灵活又灵敏。

（4）技术质量的次级要素4：平衡。平衡是指在静态位置和动态运动中，均能保持双人舞者动作稳定（即维持身体平衡）。其运动表现评价标准见表1-26。

表1-26 标准舞平衡的运动表现评价标准

一般：6分	良好：8分	优秀：10分
静态：从头至脚保持重力线。 动态：在进行运动时保持恒定的平衡。	静态：保持重力线在延长线上，如做反向抑制步、过度倾斜等动作时；在对抗平衡位置后能重建重力线，如在过度延长身体线条后能迅速恢复到常态平衡。 动态：利用来自三维运动空间的自然的力量，来实现舞蹈运动过程的平衡。	静态：在各种动态平衡的动作后，能重建重力线。 动态：利用来自三维运动空间的自然的力量，来实现舞蹈运动过程的平衡以及完成动作的效率。
质量描述： 1. 双人舞者始终以良好的平衡能力保持正直的位置，除非被另一对选手推拉或绊倒； 2. 偶尔出现用于调整或代偿身体平衡的额外的小碎步或发力； 3. 偶尔出现身体的不稳定（指身体或手臂的多余动作）或者脚踝的晃动。	**质量描述：** 1. 在复杂舞步和造型舞步上，偶尔出现用额外发力来代偿平衡的错误； 2. 在复杂舞步和造型舞步上，偶尔出现身体的不稳定（指身体或手臂的多余动作）或者脚踝的晃动； 3. 为保持平衡，有时出现代偿性张力（额外的肌肉僵直）； 4. 能有效地运用身体调整来保持良好的平衡。	**质量描述：** 1. 能一直保持稳定的平衡，包括复杂和快节奏的舞步以及组合步伐； 2. 从不出现代偿性张力； 3. 在过度平衡和相对平衡时，表现出高超的平衡能力。

（5）技术质量的次级要素5：足部技巧（足法和足位）。足部技巧是指脚在地板上移动和放置的方式，包括脚和脚踝的方位和摆放形态。其运动表现评价标准见表1-27。

表1-27　标准舞足部技巧的运动表现评价标准

一般：6分	良好：8分	优秀：10分
运用正确的足法以展现足部技巧。	将正确的足法与升降、脚的压力和转动相结合，以展现足部技巧。	将正确的足法与相关的冠状面、矢状面和横断面运用相结合，以展现足部技巧。
质量描述： 1. 简单的足法和足位运用正确，与相应的WDSF的技术书籍描述一致（比如：左转第一步，左脚向前稍向侧）； 2. 足位运用能达到中等准确度（比如：有些舞步中要求双脚平行，脚上的重量分布及脚升高的位置始终在一个相应高度）； 3. 脚移动时通常接触地板，不出现抬脚或放脚的动作（探戈除外）。	**质量描述：** 1. 所有的足法和足位都是正确的，与相应的WDSF的技术书籍描述一致（比如：羽步第三步，右脚在反身动作位置上向前，由脚尖外缘到脚掌再到脚跟）； 2. 足位运用能达到较高准确度（比如：有些舞步中要求双脚平行，脚上的重量分布及脚升高的水平始终在一个相应高度）； 3. 脚移动时总是接触地板，不出现抬脚或放脚的动作（除了探戈）； 4. 足部动作的运用与升降程度相关； 5. 正确运用足部压力产生高效移动。	**质量描述：** 1. 所有简单和复杂的足法、足位都非常精准正确； 2. 足位运用能达到最高的准确度（如：有些舞步中要求双脚平行，脚上的重量分布及脚抬高的水平始终在一个相应高度）； 3. 无论何时都不会出现脚非常规性地抬起或移动； 4. 足位能按照动作要求置于精准的原地位置（比如直立旋转时）； 5. 足部动作、足位与移动及身体动作完美契合。

（6）技术质量的次级要素6：身体动作。身体动作是指做动作时由上半身和髋产生的独立移动动作。其运动表现评价标准见表1-28。

表1-28 标准舞身体动作的运动表现评价标准

一般：6分	良好：8分	优秀：10分
运用身体技术来完成动作。	有效使用生物力学机制来展现身体技术。	能运用身体技术使动作的功率、效率达到最大化，并呈现最好的动作精准度。
质量描述： 1. 能在所要求的大多数动作中正确运用倾斜和身体拧转技术，即使偶尔有夸张的身体技术表现，也能协调地展示； 2. 大多数情况下，能展示身体的延伸能力。	**质量描述：** 1. 大多数情况下能按照动作需求正确协调地运用倾斜动作，倾斜程度与准确度均能执行到位； 2. 能根据所跳的动作，正确使用合适的倾斜类型（比如：狐步舞中羽步的第三步使用装饰性倾斜）； 3. 能充分展示身体的延伸程度和延伸的准确度，动作与舞蹈特点相匹配（比如：逐渐平缓的延伸是华尔兹舞基本舞步的特点），不可出现身体僵直状态； 4. 能按照动作需求运用身体拧转技术，大部分时间，技术展示得准确、协调。	**质量描述：** 1. 能按照动作需求正确协调地运用倾斜动作，倾斜程度与准确度能高标准执行到位； 2. 能根据所跳的动作，正确使用合适的倾斜类型（如：狐步舞中羽步第三步使用装饰性倾斜）； 3. 能充分展示身体的延伸程度和延伸的准确度，动作与舞蹈特点相匹配，能展示很好的平衡性和柔韧性； 4. 能按照动作需求运用身体拧转技术，并始终能协调、充分地展示拧转技术的精准性和幅度。

（7）技术质量的次级要素7：驱动动作。驱动动作是在启动动作时，身体失去平衡的瞬间，弯曲膝盖和移动腿的技术。其运动表现评价标准见表1-29。

表1-29 标准舞驱动动作的运动表现评价标准

一般：6分	良好：8分	优秀：10分
使用上半身、髋和脚来做出驱动动作。	使用上半身、髋和足来做出向前和向后的驱动动作。运用身体失衡发起向前和向后的驱动动作。	最大化地使用上半身、髋、脚及身体失衡发起驱动动作。
质量描述： 1. 在驱动动作中，大部分时候能展示准确的重心分配。（中等水平指的是舞者有时出现重心从一只脚跳到另一只脚，或者出现身体重心置后，在支撑脚上停留过久的情况）； 2. 偶尔能在简单和复杂舞步中遵循正确的加速或减速要领，达到摆荡效果（钟摆型）； 3. 在驱动动作中，偶尔出现夸张的髋部向前或向后的倾斜。	**质量描述：** 1. 所有驱动动作都能展示准确的重心分配（比如：偶尔出现舞者重心从一只脚跳到另一只脚，或者出现身体重心置后，在支撑脚上停留过久的情况）； 2. 经常能在简单和复杂舞步中遵循正确的加速或减速要领，达到摆荡效果（钟摆型）； 3. 在驱动动作中，偶尔出现夸张的髋部向前或向后的倾斜。	**质量描述：** 1. 所有驱动动作都能展现极精确的重量分配，从不出现舞者重心从一只脚跳到另一只脚的情况，和身体重心后置，在支撑脚上停留过久的情况； 2. 始终能在简单和复杂舞步中遵循正确的加速或减速要领，达到摆荡效果（钟摆型）； 3. 在驱动动作中，不会出现夸张的髋部向前或向后倾斜。

（8）技术质量的次级要素 8：预备动作。预备动作是指在运动中有效地利用冠状面、矢状面和横断面的能力。其运动表现评价标准见表 1-30。

表 1-30 标准舞预备动作的运动表现评价标准

一般：6 分	良好：8 分	优秀：10 分
运用矢状面为驱动动作做准备。	运用冠状面和矢状面为驱动动作做准备。	利用身体各部位所需的冠状面、矢状面和横断面的运动维度，为驱动动作做准备。
质量描述： 1. 能清晰地运用矢状面的运动，但没有有效利用其他运动面。 2. 大部分情况下能做出正确的预备动作，即双脚平行且移动脚稳定，但是有时出现以下错误： • 转动支撑脚以弥补方向错误； • 用额外的步子来代偿失去的平衡（如：向侧的小追步）； • 移动脚外翻。 3. 在对抗阶段，大多数情况下身体能保持过度平衡状态，且不后拉。 4. 预备步时身体重心能持续向前移动，但舞者偶尔会出现“坐在”这步上的情况。 5. 女士有时会疏离男士，产生双人身体中心的空隙或导致男士由于缺少移动脚的准备而过早向前移动。	**质量描述：** 1. 在运动中能清晰有效地运用冠状面和矢状面，但缺少横断面的运用。 2. 能做出正确的预备动作，即双脚平行且移动脚稳定，但是有时出现以下错误： • 转动支撑脚以弥补方向的错误； • 用额外的步子来代偿失去的平衡（如：向侧的小追步）； • 移动脚外翻。 3. 在对抗阶段，大多数情况下身体能保持过度平衡状态，且不后拉。 4. 预备步时身体重心能持续向前移动，但舞者极少会出现“坐在”这步上的情况。 5. 女士很少疏离男士，很少产生空隙或导致男士由于缺少移动脚的预备动作而过早向前移动。	**质量描述：** 1. 在所有动作中适当运用所有运动维度。 2. 预备动作顺畅无缝，而且支撑脚或移动脚没有失误。 3. 身体向前持续先前的投射性移动以产生更大幅度的运动，且继续由预备步带动进入所跳舞步的第一步。 4. 女士完美地和男士在一起，不出现动作抢先或滞后，并且没有空隙的产生。 5. 准备拧转前总是先预拧。

（9）技术质量的次级要素 9：升降。升降是指使用正确的技巧使身体产生上升和下降的能力。其运动表现评价标准见表 1-31。

表 1-31　标准舞升降的运动表现评价标准

一般：6 分	良好：8 分	优秀：10 分
运用正确的足法顺序做出升降动作。	运用正确的足法和身体动作的顺序做出升降动作。	将动作的持续进展、足法与身体动作相结合，完成每支舞特有的正确的升降。
质量描述： 1. 各种简单舞步的升降技术运用正确，与相应的 WDSF 的技术书籍描述一致，但其他更复杂的舞步所需的升降有所欠缺； 2. 不能在大部分时间内实现最大限度的上升和下降； 3. 脚、腿和身体通常按正确顺序协调运用（比如：下降时先降脚再降腿，上升时先升腿再升脚）。	**质量描述：** 1. 所有简单舞步和大部分复杂舞步的升降都是正确的，且可以实现将近 80%的升降幅度； 2. 在所有简单舞步和大部分复杂舞步中，脚、腿和身体间的协调运用正确、明显（比如：下降时先降脚再降腿，上升时先升腿再升脚）； 3. 不同舞种特有的上升特点通常能明显表现出来（比如：华尔兹舞中大幅度升降，狐步舞和维也纳华尔兹舞中的小幅度升降，快步舞中的急升和急降）； 4. 自由腿准备向后移动的同时，前一步落跟不拉扯向前移动的舞伴或者与舞伴产生空隙。	**质量描述：** 1. 所有舞步的升降都精确正确，且升降幅度精确，适合舞者； 2. 在所有简单舞步和复杂舞步中，脚、腿和身体间的协调运用精确，顺畅无缝； 3. 主动调整升降以适应舞蹈和舞步的需要； 4. 自由腿和前一步的落跟间的协调总是完美合拍的。

（10）技术质量的次级要素10：摆荡。摆荡是指运用身体重量，结合预备动作和驱动动作做出摆荡动作的能力。其运动表现评价标准见表1-32。

表1-32 标准舞摆荡的运动表现评价标准

一般：6分	良好：8分	优秀：10分
自由运用腿的摆荡和协调的身体（有限的身体摆荡）实现舞蹈运动。	运用身体各部位和关节做出摆荡动作。	在摆荡性舞蹈中，通过腿和身体动作，将有节奏的、带转动的钟摆式摆荡逐渐增强至最大限度。
质量描述： 1. 摆荡的模式一般是一致的、流畅的（不一致的标志包括在右转第一步时移动犹豫，之后在第二步强行转入）； 2. 摆荡明显但不足以影响升降； 3. 摆荡模式通常正确但偶尔缺乏驱动动作、摆荡步和适当的倾斜； 4. 身体重心偶尔在某处后倾或下沉，而非在运动过程中（由于缺少灵活性）； 5. 运动的力量一般是正确的，但外观上不太稳定，产生低幅度运动，而且在向上摆时缺乏控制。	**质量描述：** 1. 摆荡模式通常是一致的且不单调； 2. 在大部分摆荡动作中，能发现驱动动作、摆荡步和适当的倾斜； 3. 通过肌肉活动产生强有力的运动。	**质量描述：** 1. 在稳定性和形态上，摆荡模式都是一致的； 2. 身体重心以协调的方式转换产生加速和控腿，以正确的倾斜控制减速。连接自然无缝隙，并仍能实现大幅度行进； 3. 每个摆荡动作中，驱动动作、摆荡步和适当的倾斜都完美协调在一起； 4. 在大量的大幅度动作中表现出很高的运动能力，且不影响舞蹈技术的效能和准确度。

（11）技术质量的次级要素 11：轴转（轴转动作或连续旋转）。轴转是指运用正确的技巧、速度和乐感完成轴转动作的能力。其运动表现评价标准见表 1-33。

表 1-33 标准舞轴转的运动表现评价标准

一般：6 分	良好：8 分	优秀：10 分
完成轴转时腿和舞伴保持在一条线上。	完成轴转动作时，将冠状面、矢状面结合来引领自由腿向前的运动。	在轴转中，最大化地利用向心力，在轴转动作中最大化地利用离心力。
质量描述： 1. 舞蹈动作采用适量的转度且没有较大的扭曲变形； 2. 在转动时，偶尔出现脚、膝盖和身体不成直线的螺旋形状态（伴随这个错误的是非常规的划腿和抬脚）； 3. 脚通常和身体一起转动。偶尔出现一些脚对齐方面的变形； 4. 当重心没有完全在脚上转移且舞伴位置略微扭曲变形时，大多数情况下能连续行进，但缺少离心力（会有摇摆）； 5. 运动的空间量没有达到最佳状态。	**质量描述：** 1. 舞蹈动作采用适量的转度，只偶尔出现微小的扭曲变形； 2. 很少出现螺旋形状态、划腿抬脚； 3. 脚与身体一起转动； 4. 运用适量的惯性，在轴转过程中没有摇晃，舞伴位置保持稳定。	**质量描述：** 1. 即使是高强度、大幅度的移动，动作也要保持连续，从行进到旋转的过渡也要自然； 2. 在进入和完成轴转过程中，通过正确运用身体接触，保持恒定的闭式舞姿，使用正确的身体动作（拧转）； 3. 配合正确的时值，将所需的竞技性高速旋转与驱动动作的结合呈现出来。

（12）技术质量的次级要素12：技巧性舞步。技巧性舞步是指完成需要其他附加技术的高难度舞步的能力。其运动表现评价标准见表1-34。

表1-34　标准舞技巧性舞步的运动表现评价标准

一般：6分	良好：8分	优秀：10分
能清楚地完成技巧性舞步。	与舞伴共同完成技巧性舞步。	技巧性动作有意义且与舞蹈组合前后协调。
质量描述： 1. 具备与以下同等或类似的一个或多个能力，并将其与编舞整合，且不十分影响舞蹈协调性和技术： • 平衡（比如在进行高难度或极限的舞蹈造型时）； • 灵活性或力量（比如在进行高踢腿或维持身体姿势时）； • 爆发力或弹跳力（比如在进行爆发力强的动作或跳步时）； • 临机应变能力（比如在舞伴位置、方向和拧转方面的迅速改变）。 2. 舞者单独地完成动作，偶尔与舞伴配合。 3. 在完成难度动作时有一些不必要的紧张和发力。	**质量描述：** 1. 具备较高水平的与以下同等或类似的大部分能力，并将其与编舞整合： • 平衡（比如在进行高难度或极限的舞蹈造型时）； • 灵活性或力量（比如在进行高踢腿或维持身体姿势时）； • 爆发力或弹跳力（比如在进行爆发力强的动作或跳步时）； • 临机应变能力（比如在舞伴位置、方向和拧转方面的迅速改变）。 2. 与舞伴协调配合完成动作。 3. 动作熟练且很少出现紧张。 4. 动作准备充足，控制力强。 5. 以良好的身体配合和动作，流畅地结束舞步。	**质量描述：** 1. 具备极好的与以下同等或类似的全部能力，并将其与编舞整合，且任何情况下都不影响舞蹈协调性和技术发挥： • 平衡（比如在进行一系列非技术性的转动或旋转时，或者复杂的舞蹈造型时）； • 灵活性或力量（比如在进行高踢腿、下叉或维持身体姿势时）； • 爆发力或弹跳力（比如在进行大跳或跳跃时）； • 临机应变能力（比如在舞伴位置、方向和路线方面的迅速改变）。 2. 所有动作都与舞伴配合良好。 3. 没有压力，明显轻松地完成动作。

2. 评分要素二：音乐的运用

(1) 音乐的运用的次级要素1：时值（拖拽节奏）。时值是指舞蹈移动与音乐速率相一致的能力。其运动表现评价标准见表1-35。

表1-35 标准舞时值的运动表现评价标准

一般：6分	良好：8分	优秀：10分
根据音乐速率和音乐节拍完成舞步。	根据音乐速率和音乐节拍精准地完成舞步。	所有舞蹈移动和动作都能准确地完成规定时值和调节时值。
质量描述： 1. 能配合音乐，高效地完成简单舞步和舞蹈动作； 2. 在时值调节规定范围内确定舞步时值，在更复杂的动作和舞步中允许出现失误； 3. 表现出舞步的基础时值。	**质量描述：** 1. 高效地完成所有简单步子和动作，对大部分指定时值合拍精确； 2. 在时值调节规定范围内确定舞步时值； 3. 通过合适的动作和风格正确表现舞步特点，体现其基础时值（比如：摆荡、突然动作等）； 4. 大部分时间遵循所有基础时值规则（比如慢舞步、脱拍时值等）。	**质量描述：** 1. 所有舞步和移动都是高效的、动感的，总是与指定时值精准合拍； 2. 始终遵循所有的基础时值规则（比如：慢舞步、脱拍时值等）； 3. 调节时值效果明显且充分体现其优势； 4. 清晰准确的足法和身体动作与指定时值相一致。

（2）音乐的运用的次级要素 2：节奏。节奏是指舞蹈动作与音乐节奏中的重拍相一致的能力。其运动表现评价标准见表 1-36。

表 1-36 标准舞节奏的运动表现评价标准

一般：6 分	良好：8 分	优秀：10 分
能够运用身体速度和步法表现重、中、弱拍。	能够运用身体速度和步法表现重、中、弱拍，曲调的重拍和打击乐器的重拍。	运用身体速度、步法和动作幅度准确表现重、中、弱拍，曲调重拍和打击乐器的重拍，以体现舞蹈的风格特点。
质量描述： 1. 舞者遵守正确的节奏重拍，且将动作与其结合（比如：华尔兹舞右转第一步要跳在“1”拍上，即使是有意的或有选择性的也不能跳在“3”或“2”拍上），通常称作“跳在音乐上”； 2. 过半数情况能表现出节奏重拍。	**质量描述：** 1. 展现正确的节奏重拍，将舞步的移动、力度控制与音乐节奏重拍相结合，使其协调一致； 2. 通常能表现出节奏重拍。	**质量描述：** 1. 将舞步动作、力度的改变与音乐节奏重拍相结合，使其协调一致，以展现正确的节奏重拍，并表现出高水平的技术动感和技术效能； 2. 在整个编舞中，始终能表现出节奏重拍。

（3）音乐的运用的次级要素3：音乐结构。音乐结构是指舞者根据音乐元素（乐句、旋律、乐段、强度等）进行舞蹈的能力。其运动表现评价标准见表1-37。

表1-37　标准舞音乐结构的运动表现评价标准

一般：6分	良好：8分	优秀：10分
使用步法、腿部动作和造型表现音乐旋律。	运用所有舞蹈相关的运动来表现音乐旋律。	运用所有舞蹈相关的运动来表现主旋律和副旋律，表现舞蹈风格特点。
质量描述： 编舞变化、身体动作变化（如从向左拧转到向右拧转）和动作强度（如移动量）变化有时能正确地与旋律变化、节奏强度变化相一致。	**质量描述：** 1. 编舞及身体动作变化（如从向左拧转到向右拧转）和动作强度（如移动量）变化大部分能与旋律和节奏强度变化相一致； 2. 用一般的舞蹈动作和移动也能展现旋律和音乐变化。	**质量描述：** 1. 编舞变化、身体动作变化（如从向左拧转到向右拧转）和动作强度（如移动量）变化总能与乐句、旋律、乐段、强度变化相一致； 2. 运用身体动作制造副旋律； 3. 运用身体动作和移动表现旋律变化。

3. 评分要素三：配合技能

（1）配合技能的次级要素 1：身体的交流。身体的交流是指在两人保持各自平衡的情况下，具有并保持协调的身体连接和握持。其运动表现评价标准见表 1-38。

表 1-38 标准舞身体的交流的运动表现评价标准

一般：6 分	良好：8 分	优秀：10 分
男士在握持范围内运用身体的活动以及共同的中段重心来引导女伴做出回应；女士在握持范围内以及共同的中段重心下，在男伴的引导中做出正确的身体运动。	能有效运用共同的身体中段和身体形态逐步过渡到新的身体中段位置。	能将所有单一舞蹈动作结合成完整的动势流程；运用正确的力量强度并且努力尝试创造一个新的舞蹈动作，如突然运动（Sudden Movement）。
质量描述： 1. 正确运用握持来引导重心转换； 2. 舞蹈时，与动作相关的身体连接点运用协调，偶尔会出现手臂与身体的移动不一致（尤其是旋转动作时）； 3. 能够一起完成倾斜，但偶尔会比舞伴的倾斜延迟； 4. 运用两人间的张力来创造引带、速度或超平衡，但是所使用的张力缺少精确性和有效性； 5. 稍过量地使用手臂动作来启动动作。	**质量描述：** 1. 正确运用握持来完成重心转换和双人舞伴位置的改变； 2. 相互接触的手臂应该具有与动作特征相符的清晰的运动路线，偶尔发生与身体运动分离的错误； 3. 握持的手的移动量一般能满足动作、移动或造型的需要； 4. 倾斜由双人共同完成且幅度接近； 5. 舞蹈表演的大部分时间能正确运用两人间的张力（允许舞伴两人自由地运动且没有不自然的引带）。	**质量描述：** 1. 正确运用握持来引导所有的重心转移、舞伴位置变换和身体动作变化； 2. 相互接触的手臂应该具有与动作特征相符的清晰的运动路线，无论是简单还是复杂的形态，都能够与身体很好地协调配合； 3. 握持的手的移动量能够满足动作、移动或造型的需要； 4. 能够精准地在时间与幅度上完成引带与跟随的配合； 5. 整个舞蹈表演能运用正确的两人间的张力（允许舞伴两人自由地运动且没有不自然的引带）。

（2）配合技能的次级要素2：超平衡（对抗平衡、抱持或急坠）。超平衡是指在运动、舞步和双人造型的有连接的协调配合中，其中一方或者双方没有在自己重心上。其运动表现评价标准见表1-39。

表1-39 标准舞超平衡的运动表现评价标准

一般：6分	良好：8分	优秀：10分
运用超平衡或者对抗平衡的原则来进行抱持或者急坠。	运用超平衡或者对抗平衡的原则来创造和控制抱持或者急坠，但同时保持姿势、稳定性和一定程度的协调性。	运用超平衡或者对抗平衡的原则来创造和控制抱持或者急坠，保持姿势、稳定性和高度的协调性，并将此能力与组合的其余要求结合起来。
质量描述： 1. 急坠时身体无明显摔倒现象但有紧张感； 2. 在大部分的抱持与急坠中的姿态是正确的，但过度运用肌肉能量而不是平衡和对抗平衡。可见到一些姿态的扭曲变形； 3. 通过对速度的良好控制来完成抱持与急坠（控制速度以适应急坠或者抱持）； 4. 可以完成抱持或急坠动作，且能恢复到正常的平衡状态，不会影响动作的稳定和协调； 5. 由于不能充分运用对抗平衡，动作展示有些沉重、笨拙。	**质量描述：** 1. 急坠时，身体无摔倒现象，很少发生不稳定现象； 2. 舞蹈中，抱持与急坠的姿态是正确的，没有扭曲的迹象； 3. 快速完成抱持与急坠； 4. 完成抱持或急坠，且能恢复到正常的平衡状态，不会影响动作的稳定性和协调性，并能保持技术动作的连续性； 5. 能够轻松、协调地完成抱持或者急坠动作，且不影响动作协调性。	**质量描述：** 1. 轻松地完成急坠，且没有不稳定现象； 2. 舞蹈中，抱持与急坠的姿态是正确的； 3. 完成抱持与急坠时，速度控制良好； 4. 最大化发挥个体或双人的身体协调性，完成抱持或急坠动作，且能恢复到正常的平衡状态。

（3）配合技能的次级要素3：时间与空间。时间与空间是指舞伴之间的空间运用表现，即身体各部分的活动能保持时机和距离的同步性。其运动表现评价标准见表1-40。

表1-40 标准舞时间与空间的运动表现评价标准

一般：6分	良好：8分	优秀：10分
在时间与空间中协调脚和腿的运动。	在时间与空间中协调身体的运动。	个人身体运动（动作自如）最大化，同时保持时间与空间的协调。
质量描述： 1. 舞伴之间脚下的空间适度，适合舞步，且较少有干扰和妨碍； 2. 足位和腿部动作的同步性大部分是对的； 3. 舞伴之间身体与脚的动作大部分时间能保持同步，但有时会出现跟随延迟现象； 4. 偶尔会看到舞者进行身体调节以寻找脚下空间。	**质量描述：** 1. 足位和腿部动作的同步性在表演时是正确的；极少数情况下，一方的放脚比另一方要晚或者在不正确的位置上； 2. 舞伴间身体动作同步，且极少出现跟随者身体动作延迟的现象。	**质量描述：** 1. 足位和腿部动作的同步性在表演时是完全正确的；没有一方的放脚比另一方晚或者在不正确位置的情况； 2. 舞伴间身体动作同步；没有跟随者身体动作延迟的情况发生。

(4) 配合技能的次级要素 4：一致性。一致性是指舞者在各种舞伴位置和连接之间的调节和处理变化的能力。其运动表现评价标准见表 1-41。

表 1-41 标准舞一致性的运动表现评价标准

一般：6 分	良好：8 分	优秀：10 分
达到配合技术一致性的基本水平。	整个舞蹈中，配合技术保持一致性。	在保持一致性的同时，能融合其他双人配合技巧。
质量描述： 1. 在拧转、倾斜、延伸和其他引带中，大部分时间能保持连接，展现一致性； 2. 总能和舞伴通过握持和中心保持相互交流，展示一致性； 3. 偶尔在运动中失去连接。	**质量描述：** 1. 在拧转、倾斜、延伸和其他引带中，精确地保持连接； 2. 在正常身体引带和超平衡、对抗平衡中也能无较大困难地保持身体连接； 3. 没有失去连接的情况。	**质量描述：** 1. 在各种不同引带类型中，身体连接精确无误且舞伴之间运动自如； 2. 始终保持清晰可见的交流与连接。

4. 评分要素四：编舞与展示

(1) 编舞与展示的次级要素 1：套路结构与构成。套路结构与构成是指舞步、时值、空间运用及不同难度变化在一支舞中的综合体现。其运动表现评价标准见表 1-42。

表 1-42　标准舞套路结构与构成的运动表现评价标准

一般：6 分	良好：8 分	优秀：10 分
完成不同运动维度的一系列舞步。	完成一个综合平衡的舞蹈编排。	运用以下所有要素来完成一个最佳的、综合平衡的舞蹈编排。
质量描述： 舞蹈组合编排中含有以下四个品质中的两个： • 内容丰富——含有多种不同运动类型的舞步（比如拧转、线性运动、造型、跳跃等）； • 时值——运动中的基本时值、复杂时值和切分时值等能协调混搭； • 空间——在移动舞步与静止舞步之间，能高效利用空间；能一直合理利用整个场地； • 难度——在运动中能将不同难度水平的舞步混搭使用（比如基本的、高级变化的、复杂的运动，造型类和技巧性舞步）。	**质量描述：** 舞蹈组合编排中含有以下四个品质中的三个： • 内容丰富——含有多种不同类型运动的舞步（比如拧转、线性运动、造型、跳跃等）； • 时值——运动中的基本时值、复杂时值和切分时值等能协调混搭； • 空间——在移动舞步与静止舞步之间，能高效利用空间；能一直合理利用整个场地； • 难度——在运动中能将不同难度水平的舞步混搭使用（比如基本的、高级变化的、复杂的运动，造型类和技巧性舞步）。	**质量描述：** 舞蹈组合编排中含有以下四个品质： • 内容丰富——含有多种不同类型运动的舞步（比如拧转、线性运动、造型、跳跃等）； • 时值——运动中的基本时值、复杂时值和切分时值等能协调混搭； • 空间——在移动舞步与静止舞步之间，能高效利用空间；能一直合理利用整个场地； • 难度——在运动中能将不同难度水平的舞步混搭使用（比如基本的、高级变化的、复杂的运动，造型类和技巧性舞步）。

（2）编舞与展示的次级要素 2：非语言交流。非语言交流是指使用非语言表达方式与观众和舞伴进行交流的能力。其运动表现评价标准见表 1-43。

表 1-43　标准舞非语言交流的运动表现评价标准

一般：6 分	良好：8 分	优秀：10 分
准确的肢体语言和面部表情。	利用音乐展现相关的非语言交流。	将非语言交流与身体动作、移动和编舞相结合。
质量描述： 1. 舞蹈的编创能展现非语言交流的能力； 2. 偶尔有不必要的夸张的面部表情或无意义的手势； 3. 利用握持夸大肢体动作。	**质量描述：** 1. 舞蹈的编创能展现非语言交流的能力且能强化运动表现； 2. 没有多余的夸张的面部表情和手势，表情和手势与运动相融合； 3. 通过协调的身体动作来创造与舞伴和观众交流的肢体语言。	**质量描述：** 1. 用非常和谐的方式应用肢体语言且能增强舞蹈的编创特性； 2. 具有选择性和高品位地运用肢体语言来强化舞蹈运动的表现； 3. 将非语言交流完美融入舞蹈编排，达到向观众讲述故事的效果。

（3）编舞与展示的次级要素 3：位置选择（运用空间的技巧）。位置选择是指舞蹈过程中选择位置以及合理运用空间来展示自身的能力。其运动表现评价标准见表 1-44。

表 1-44　标准舞位置选择的运动表现评价标准

一般：6 分	良好：8 分	优秀：10 分
展示出适合各自舞蹈套路的空间选用的能力。	能根据舞蹈组合，表现出合理的选择场地位置的能力，或能依据情况，控制自己的舞步以避免与其他选手冲撞。	根据场地和其他选手的情况来选择自己的场地位置，并在不影响全面协调性的情况下灵活调整，避免与其他舞者相撞。

续表

一般：6分	良好：8分	优秀：10分
质量描述： 1. 在舞蹈过程中，不与场地边缘、裁判和其他物体距离太近（小于1米）； 2. 大多数情况下能避免冲撞其他选手或化解来自其他选手的干扰。	**质量描述：** 1. 选择方向和场地位置时要表现出灵活性； 2. 大多数情况下，能避免冲撞； 3. 选择的方位或场地位置能最佳地展示舞蹈，且能被观众看到。	**质量描述：** 1. 展现位置敏感度和灵活应变能力； 2. 任何时候都能够做到不与其他选手冲撞，除了不可避免的来自其他选手的冲撞； 3. 寻找可用且合适的场地来进行最佳的舞蹈展示； 4. 常常能选择有利的位置以最好的形式表现舞蹈。

（4）编舞与展示的次级要素4：舞蹈风格。舞蹈风格是指能够通过舞蹈运动和表情表现出舞蹈风格。其运动表现评价标准见表1-45。

表1-45　标准舞舞蹈风格的运动表现评价标准

一般：6分	良好：8分	优秀：10分
能展示出各舞种的技术风格。	能按照标准，全面地展示各舞种的风格。	能够表现典型和非典型的动作结构特点。
质量描述： 1. 能展示出每个舞蹈独有的技术风格，尤其是每个舞蹈中的脚法、节奏、时值特性； 2. 偶尔能通过身体动作来呈现舞蹈特色。	**质量描述：** 1. 通过技术技巧和音乐意识来呈现舞蹈风格； 2. 较多运用身体形态、造型和技巧性舞步来呈现舞蹈风格。	**质量描述：** 1. 通过结合技巧、双人、动力、音乐编舞和非语言交流来全面呈现舞蹈风格； 2. 能够清晰、一致地呈现舞蹈的所有风格； 3. 在演绎非典型动作时仍保有其舞蹈风格。

（5）编舞与展示的次级要素5：能量运用。能量运用是指在舞蹈运动表现过程中创造性地运用和保持身体发力状态的能力。其运动表现评价标准见表1-46。

表1-46　标准舞能量运用的运动表现评价标准

一般：6分	良好：8分	优秀：10分
从运动的幅度、速度和运动量上能看出高能量的状态。	从运动的幅度、速度、爆发力、灵活性和运动量上能看出足够的高能量的状态。	从运动的幅度、速度、爆发力、灵活性和运动量上能看出非常高的能量状态并能自如控制能量强度变化。
质量描述： 1. 在移动动作中能运用高于平均速度的状态来完成足够幅度的运动，以及在非移动性的动作中快速完成动作（如快步舞中的钟摆跳），偶尔会不太协调； 2. 从头至尾能保持高能量状态，有的技术环节会略显能量过多。	**质量描述**： 1. 大部分时间里，在并不影响与舞伴合作的前提下，能保证在高于平均速度的状态下完成舞蹈动作； 2. 从头至尾，在舞蹈过程中既能保持舞蹈的能量又能维持技术水准； 3. 有效运用能量，使舞蹈动作具有对比性。	**质量描述**： 1. 在整个舞蹈过程中，完美地控制和运用能量； 2. 不会有缺少能力和精力的感觉。

（6）编舞与展示的次级要素 6：气氛。气氛是指超越技术层面，利用表情以及情感使舞蹈具有艺术表现力，从而感染观众。其运动表现评价标准见表 1-47。

表 1-47 标准舞气氛的运动表现评价标准

一般：6 分	良好：8 分	优秀：10 分
在舞者及观众之间创造的舞蹈气氛或情绪主要来自手势而非舞蹈本身。	通过投入情感的动作表达每个舞种的一般情绪。	能通过不同动作与姿态变化展示出每个舞种特有的情绪。
质量描述： 主要通过面部表情和手势，而非舞蹈本身表达舞蹈的风格。	**质量描述：** 1. 能够吸引观众分享每支舞蹈的氛围与情绪； 2. 通过正确的个性展示，补充舞蹈的不同特性。	**质量描述：** 1. 创建一个能将观众完全沉浸其中的舞蹈气氛； 2. 能够产生使观众激动、兴奋、欢呼、热血沸腾、受到鼓舞和感动的效果。

标准舞具体动作与技术见表 1-48。

表 1-48 标准舞具体动作与技术

• 身体动作的应用	• 轴转
• 刷步	• 轴转动作
• 反身动作位置	• 姿势
• 追步	• 转量
• 并步	• 升降
• 预备转	• 旋转和转动
• 连续旋转	• 侧向摆荡
• 交叉	• 脚滚动原则
• 体育舞蹈舞步中的肌肉应用能力	• 脚尖轴转

续表

• 驱动力	• 拧转
• 延伸	• 探戈的身体姿势和身体位置
• 足法	• 探戈常步
• 足位	• 探戈的升降
• 手的握持	• 探戈跟拖
• 头的位置	• 闭式结束和开式结束
• 跟拖	• 狐步舞中的升降和足法
• 跟转	• 快步舞中三种不同类型的追步
• 侧引带	

（二）拉丁舞

拉丁舞评判要素及次级要素，见表 1-49。

表 1-49　拉丁舞评判要素及次级要素

四大评判要素	次级要素
技术质量	①姿势 ②舞姿握持 ③平衡 ④脚部动作 ⑤拉丁动作 ⑥基本动作 ⑦准备—动作—还原 ⑧旋转和转动 ⑨独立动作和协同动作 ⑩技巧性舞步 ⑪动态变化 ⑫造型和延伸性造型

续表

四大评判要素	次级要素
音乐的运用	①节奏（拖拽节奏） ②节拍韵律 ③音乐的结构
配合技能	①身体的交流 ②超平衡（抗衡、握持或下降） ③空间的使用 ④同步性 ⑤稳定一致性
编舞与展示	①套路结构和组成 ②非语言交流 ③选位与场地利用 ④舞蹈风格 ⑤能量运用 ⑥气氛

1. 评分要素一：技术质量

（1）技术质量的次级要素 1：姿势。姿势是指两位舞者总体的姿态，包括在行进中的姿态及身体各部分的动态姿态。其运动表现评价标准见表 1-50。

表 1-50　拉丁舞姿势的运动表现评价标准

一般：6 分	良好：8 分	优秀：10 分
身体在静态和动态时都能展现协调性（包括头部、肩部、胸腰、臀部、腿部和脚部）。	能将整个身体调动起来，融入所做的姿态中，而不是独立且单调的姿势。	能毫不费力地根据所做的移动展现正确的具有流动性的姿态。
质量描述： 1. 有一条从头到肩膀，再到臀部的垂直的中心线； 2. 小的代偿性的动作（为了获取平衡，腿部和身体的小幅度的移动动作），歪斜或者明显可见的紧绷是被允许的（肌肉紧张通常可以从颈部、肩膀或者身体造型上看出来）。	**质量描述：** 1. 精确的垂直的中心线； 2. 很少有身体变形发生； 3. 偶尔出现代偿性动作（为了平衡或控制）或可见的过度紧绷。	**质量描述：** 1. 任何情况下身体都有一条精确的垂直线； 2. 没有扭曲、代偿性动作和多余的紧绷出现。

（2）技术质量的次级要素 2：舞姿握持。舞姿握持是指连接点、握持及其在舞伴之间的移动方式。其运动表现评价标准见表 1-51。

表 1-51　拉丁舞舞姿握持的运动表现评价标准

一般：6 分	良好：8 分	优秀：10 分
在舞伴双人关系中，建立不同的拧转和位置所需的标准化的身体姿势。	能够建立一个在双方中心下的姿势，且可以利用握持创造出理想的形态。	随时根据不同运动结构来调整、变换多样的舞蹈握持。

续表

一般：6分	良好：8分	优秀：10分
质量描述： 1. 正确连接身体的每个部分（头、手臂的位置等）； 2. 根据行进和脚步，手连接的位置基本正确； 3. 在开式位时，连接手应该在舞伴之间。	**质量描述**： 1. 精准连接身体的每个部分（头、手臂等），舞伴间的配合协调； 2. 根据行进和脚步，手的连接始终正确； 3. 根据舞步，手的运行轨迹是正确的（例如在扇形位时，手应该随着女士走）。	**质量描述**： 1. 在整个舞蹈过程中，身体的每个部分的配合都是完美、精确的； 2. 手的连接位置始终是精准的； 3. 连接手的运行轨迹正确而有效率； 4. 每做一个动作，手和手臂都与身体有很好的配合。

（3）技术质量的次级要素3：平衡。平衡是指两位舞者在静态和动态时的稳定性（身体的平衡能力）。其运动表现评价标准见表1-52。

表1-52 拉丁舞平衡的运动表现评价标准

一般：6分	良好：8分	优秀：10分
具有保持从头到脚平衡稳定的能力。	在静态和动态时，都能保持良好的平衡，始终保持重心稳定，且能够在重心倾斜之后回归正常。	能够保持平衡，能控制倾斜和失去平衡之间的转换。
质量描述： 1. 在没有其他选手推或撞的情况下，能基本保持较好的平衡； 2. 偶尔出现调整和代偿身体平衡的动作是被允许的。	**质量描述**： 1. 能高效的调整身体姿态以保持良好的平衡； 2. 在复杂舞步中，偶尔的不稳定（如身体和手臂的多余移动）或关节的颤动是被允许的； 3. 偶尔可以通过紧绷（尤其是肌肉紧张）来保持平衡。	**质量描述**： 1. 整个舞蹈的过程中舞者始终保持稳定和平衡，即使是高难度、快速的舞步； 2. 舞蹈从头到尾，无过度的身体紧绷； 3. 在失重、倾斜和对抗用力时，展现良好的控制力。

（4）技术质量的次级要素4：脚部动作。脚部动作是指脚的移动和站立，包括脚和踝关节的造型及形状。其运动表现评价标准见表1-53。

表1-53　拉丁舞脚部动作的运动表现评价标准

一般：6分	良好：8分	优秀：10分
根据脚部动作，正确地使用脚法技巧。	根据脚法动作，将脚部、髋部和身体动作结合起来。	用移动、重心转移和脊柱的动作来展示脚法技巧。
质量描述： 1. 简单的脚下动作始终都是正确的（例如，前进走步用脚掌，斗牛时的行进用脚跟）； 2. 稍微复杂一点的动作允许出现偶尔的错误（如在旋转中，脚跟始终与地板相连接）； 3. 脚在地板上的移动始终是正确的，非常规的抬脚动作和脚步移动也是被允许的； 4. 脚的站位正确，但在转动、站立或移动时，允许稍有误差。	**质量描述：** 1. 简单和复杂的脚部动作始终是正确的，而且脚部的压力使用正确； 2. 偶尔有抬脚和脚步移动，但在整个舞蹈中很少见； 3. 允许非常规的舞步中有微小的错误（例如：拉丁交叉步的后脚脚掌的外侧边缘着地）； 4. 所有脚部动作都很清晰。	**质量描述：** 1. 简单和复杂的脚部动作在整个舞蹈中都是正确的； 2. 没有抬脚和多余的脚步移动出现； 3. 两位舞者的脚部位置和踝部的姿态都是正确的，脚部的压力、力量、定点和延展都是正确的； 4. 在重心转移和舞蹈过程中，脚部动作都是协调的。

（5）技术质量的次级要素5：拉丁动作。拉丁动作是指能准确做出每个具体的舞蹈动作，特别是WDSF技巧规定中所涉及的动作。其运动表现评价标准见表1-54。

- 桑巴：弹动、前进走步、旁步、桑巴时值、博塔弗戈动作、沃尔塔动作、库萨多斯走步与锁步等。
- 恰恰：前进、后退走步，旁步，前进抑制步，后退抑制步，延迟动作，前进且转步，向前延迟转步，后退转步，原地换重心，原地长步，古巴摇滚，追步等。
- 伦巴：前进走步、后退走步、旁步、向前抑制步、向后抑制步、延迟动作、前进且转步、向前延迟转步、原地换重心、原地长步、古巴摇滚、库克拉恰等。

- 斗牛：垫步、拧转、西班牙舞姿等。
- 牛仔：摇摆动作、追步动作、弹跳步、弹踢步等。

表 1-54 拉丁舞拉丁动作的运动表现评价标准

一般：6 分	良好：8 分	优秀：10 分
正确运用腿部动作技术、髋部动作技术及脚下动作技术。	通过脚下压力和重心的转换做出正确的动作。	用最有效的方式完成舞伴间的动作配合，姿态保持平衡、控制。
质量描述： 1. 当在完成 WDSF 技术教程中规定的基本或者特殊动作（如：前进走步、前进且转步）时，动作可被评定为中等精确度（如：前进走步的完成包括六个步骤，即下沉、对抗、控制、推动、延伸和还原，舞者至少可以协调地完成一半的动作要点）； 2. 大部分动作中，中段的运动为独立动作，没有与移动协调一致； 3. 上半身动作的展示要表现出一般的精确性和幅度。	**质量描述：** 1. 当完成 WDSF 技术教程中规定的基本或者特殊动作时，动作可被评定为较高精确度（如：前进步的完成包括六个步骤，即下沉、对抗、控制、推动、延伸和还原，舞者可以协调地完成所有动作要点）； 2. 大部分动作中，都能用上中段和身体动作，且能够协调配合； 3. 髋部和上半身的动作（包括髋部、胸部、肩膀、手臂和头）能够与其他运动表现相结合，如平衡和姿态。	**质量描述：** 1. 在整个舞蹈中，无论是基本动作还是特殊动作都能达到高精确度（如：前进步的完成包括六个步骤，即下沉、对抗、控制、推动、延伸、还原，舞者可以完成所有动作要点，并保持良好的协调性）； 2. 身体的各个部分都能充分调动配合，动作干净利落； 3. 中段和身体能够被精准且有效地运用在动作中，并在舞蹈过程中保持协调性； 4. 在做高级动作时，髋部和身体总是能独立运动； 5. 在所有要求运用中段的动作中，中段都能充分运动； 6. 中段的运动要先于其他动作； 7. 中段和身体的动作要保持正确的先后顺序。

（6）技术质量的次级要素6：基本动作。基本动作是指基本的舞蹈动作，表现为延伸、弯曲、旋转、静止、平衡、失重、倾斜、行进、跳跃、造型及重心转换。其运动表现评价标准见表1-55。

表1-55　拉丁舞基本动作的运动表现评价标准

一般：6分	良好：8分	优秀：10分
正确做出一部分基本动作。	能运用身体各个部分，协调做出和强调不同的基本动作。	在基本动作之外能增加其他动作。
质量描述： 1. 做出一些基本动作； 2. 做出了基本动作，但表现力不够； 3. 做出了基本动作，但是不够清晰。	**质量描述：** 能够高效运用大部分的基本动作去完成舞蹈。	**质量描述：** 1. 正确展现所有基本动作； 2. 能根据音乐完全展现基本动作； 3. 能运用基本动作并与舞伴互相协助完成动作。

（7）技术质量的次级要素7：准备—动作—还原。准备—动作—还原是指舞者启动、做出和结束动作以及连接下一个动作的能力。其运动表现评价标准见表1-56。

表1-56　拉丁舞准备—动作—还原的运动表现评价标准

一般：6分	良好：8分	优秀：10分
从一个动作到另一个动作。	展现出准备—动作—还原这个过程。	能将还原动作和下一个准备动作融合。

续表

一般：6 分	良好：8 分	优秀：10 分
质量描述： 1. 准备动作和还原动作很少，舞者只是单纯地做动作； 2. 在一个动作之前或者之后，做出了准备动作或者还原动作。	**质量描述：** 1. 大多数舞步都表现出流畅性，只在做复杂动作时，有动作僵硬的情况出现； 2. 在保持速度和正确性的同时，做到了大部分动作与舞步之间的连接； 3. 在准备做下一个动作时，身体动作是正确的； 4. 在做准备动作时，手臂的动作也同时进行； 5. 有效地下沉，产生“扎根地板”的效果，且还原动作平稳； 6. 还原动作和下一个动作没有完全连接在一起。	**质量描述：** 1. 所有动作都有准备动作，即使是复杂动作，也做得轻松、正确； 2. 动作实现无缝连接，尽管动作和动作难度不同； 3. 上一个动作的还原动作是下一个动作的准备动作； 4. 必要时，舞伴间相互借助对方的身体来完成准备动作和还原动作。

（8）技术质量的次级要素 8：旋转和转动。旋转和转动是指完成连续旋转、三步转和其他旋转动作（如两圈的螺旋转）的能力。其运动表现评价标准见表 1-57。

表 1-57　拉丁舞旋转和转动的运动表现评价标准

一般：6 分	良好：8 分	优秀：10 分
完成基本旋转技术的同时保持从头到脚的重力线。	无论是否有舞伴，都具备增加旋转的数量与速度的能力。	展示完成不同类型旋转的能力。

续表

一般：6分	良好：8分	优秀：10分
质量描述： 1. 旋转时能够有效利用身体重心并具有优美的姿势； 2. 在旋转时，没有多余的手部动作； 3. 旋转时的速度不能过慢（除非需要慢速旋转便于做造型）； 4. 在定点和还原动作中，旋转的动作有一定的控制力。	**质量描述：** 1. 高速的旋转（除非需要慢速旋转以便做造型）； 2. 在定点和还原动作中，旋转的动作要有控制力； 3. 在旋转中，要保持姿态或形态的正确； 4. 在旋转中，正确运用手臂来做造型和保持平衡。	**质量描述：** 1. 能轻松地做到高速旋转（除非需要慢速旋转以便做造型）； 2. 在定点、还原动作和姿态中，旋转都有足够的控制力； 3. 有复杂的旋转和翻转动作； 4. 旋转表现得很轻松，且没有缝隙和停顿。

（9）技术质量的次级要素9：独立动作和协同动作。独立动作和协同动作是指能正确做出每个身体部分独立和相关联的动作。其运动表现评价标准见表1-58。

表1-58　拉丁舞独立动作和协同动作运动表现评价标准

一般：6分	良好：8分	优秀：10分
在完成某个动作时，能运用身体的各个部分。	能准确运用身体的各个部分：头部、上半身、中段、腿部和脚部。	用身体的一部分做出动作，同时也注意身体其他部分的运用。

续表

一般：6分	良好：8分	优秀：10分
质量描述： 1. 做动作时，能运用身体的不同部分； 2. 在大部分动作中，胸腰能和中段的动作分开； 3. 当肩部或者中段转动与转换时，头部和胸部会有一定连带动作； 4. 身体的每一部分都被调动，且不是僵硬的； 5. 手部和身体是独立运动的，但是其动作是相配合的。	**质量描述：** 1. 中段要充分运动，且很少影响身体、肩膀和腿部的运动； 2. 在大部分移动、挤压的动作中，胸部、中段、肩膀是独立运动的； 3. 肩膀和中段的扭转和移动相较于头部和腰部是独立的； 4. 手和身体始终是配合运动的； 5. 身体的各个部分的独立运动和配合都是正确的。	**质量描述：** 1. 中段充分运动，且完全不影响身体、肩膀（弯曲和倾斜）和腿部（弯膝盖）的动作； 2. 胸腰和中段在绝大多数动作中是独立的，肩膀的动作是绝对独立的； 3. 肩膀和中段在扭转和移动时，完全不影响头部和胸腰； 4. 手能自由运动，且与所做动作高度配合； 5. 清晰地运用一个身体部分做出动作，且该动作能延伸到身体其他部分； 6. 最大限度运用身体部分之间的独立运动和配合。

（10）技术质量的次级要素 10：技巧性舞步。技巧性舞步是指完成高难度舞步的能力。其运动表现评价标准见表 1-59。

表 1-59 拉丁舞技巧性舞步的运动表现评价标准

一般：6 分	良好：8 分	优秀：10 分
大致展现技巧性舞步。	在和舞伴的配合中，展现技巧性舞步。	在整个舞蹈中，充分展现技巧性舞步。
质量描述： 1. 展现以下几种能力之一： • 平衡（如，一系列复杂旋转、复杂造型）； • 复杂动作的灵活性或力量感（如，弹踢动作）； • 爆发性或延展性（如，高度弹跳）； • 混合型动作（如脚下动作很快时，手或上半身的动作却很慢）。 2. 一个人完成动作，偶尔与舞伴配合。 3. 努力展现一些复杂技巧性舞步。	**质量描述：** 1. 展现以下大多数能力： • 平衡（如，一系列复杂旋转、复杂造型）； • 复杂动作的灵活性或力量感（如，弹踢动作）； • 爆发性或延展性（如，高度弹跳）； • 混合型动作（如脚下动作很快时，手或上半身的动作却很慢）。 2. 能偶尔借助舞伴之间的配合，较轻松地完成有难度的舞步。	**质量描述：** 1. 在整个舞蹈过程中，综合展现以下所有能力： • 平衡（如，一系列复杂旋转、复杂造型）； • 复杂动作的灵活性或力量感（如，弹踢动作）； • 爆发性或延展性（如，高度弹跳）； • 混合型动作（如脚下动作很快时，手或上半身的动作却很慢）。 2. 能充分借助舞伴之间的配合，轻松完成有难度的舞步。

（11）技术质量的次级要素 11：动态变化。动态变化是指利用重量、时间、方向和能量完成动作的能力。其运动表现评价标准见表 1-60。

表 1-60　拉丁舞动态变化的运动表现评价标准

一般：6 分	良好：8 分	优秀：10 分
在舞蹈过程中，展现基本的动力。	展现利用重量、时间、方向和能量的能力。 1. 重量：强烈，轻—重； 2. 时间：突发—持续； 3. 方向：明确指向，灵活性，非明确指向； 4. 能量：聚集—分散。	能将各种动力的指标结合起来： 八种基本动力指标为推、压、拧、浮动、滑动、弹动、轻拍、鞭打。
质量描述： 1. 在缺少控制力的情况下，展现一定动力； 2. 过度运用某一动力指标； 3. 动作的加速和减速影响了动作的连贯性和时值； 4. 大多数情况下，方向改变没有影响动作的平衡与衔接； 5. 具备足够的动作幅度； 6. 基本保持动作的快速连贯。	**质量描述：** 1. 大部分情况下，能展现所有动力； 2. 展现动力时，能有足够的控制力； 3. 动作的加速和减速基本上没有影响动作的连贯性和时值； 4. 能迅速地改变方向，且基本上不会影响动作的平衡和衔接； 5. 动作展现得足够充分； 6. 很少在保持动作连贯性的时候失去对动作的控制力； 7. 正确表现动力的各个指标。	**质量描述：** 1. 能充分展现动力的各个指标； 2. 在必要或者可能时，将动力的指标组合运用； 3. 动作的加速和减速完全不会影响动作的连贯性和时值； 4. 能迅速改变方向，且完全不会影响平衡和衔接； 5. 一对选手均能充分地、大幅度地展现舞蹈动作； 6. 一对选手均能够保持舞蹈的连贯性，对动作有完全的控制力。

（12）技术质量的次级要素12：造型和延伸性造型。造型和延伸性造型是指在动作、造型和一连串动作的结尾时，保持造型和形态的能力。其运动表现评价标准见表1-61。

表1-61　拉丁舞造型和延展性造型的运动表现评价标准

一般：6分	良好：8分	优秀：10分
在形成与延伸造型时，保持重力造型。	在形成与延伸造型时，正确有效地运用身体部位。	在形成造型的各个过程中，要保持动作的结构性。
质量描述： 1. 在形成与延伸造型时，能较好地保持平衡； 2. 造型具有张力，就像身体结构的延伸。	**质量描述：** 1. 造型与造型之间协调配合； 2. 造型与身体其他部分协调配合； 3. 能利用造型来完成其他动作。	**质量描述：** 1. 在形成造型的过程中，能明确运用其他身体动作； 2. 能利用造型为套路增添亮点； 3. 能利用造型将身体的动感最大化。

2. 评分要素二：音乐中的运动

（1）音乐中的运动的次级要素1：节奏（拖拽节奏）。节奏是指舞者将舞步与音乐节奏相联系的能力。其运动表现评价标准见表1-62。

表1-62　拉丁舞节奏的运动表现评价标准

一般：6分	良好：8分	优秀：10分
步伐与动作可以跟上音乐的节拍。	舞步可以准确地跟上音乐的节拍。	舞者可以在所有的舞蹈动作里展示与动作相关的节奏和拖拽节奏。

续表

一般：6分	良好：8分	优秀：10分
质量描述： 1. 在音乐中有效地进行简单的步伐和移动； 2. 形态建立在拖拽节奏的基础上； 3. 允许在复杂舞步上出现失误； 4. 舞步能展示出主要的节奏。	**质量描述：** 1. 所有的步伐和移动有效且精准地在音乐中进行； 2. 形态建立在拖拽节奏的基础上； 3. 将所有的舞步和设计与音乐关联； 4. 体现出节奏的主要原则。	**质量描述：** 1. 所有的步伐和移动有效精准； 2. 节奏切分精准且极致； 3. 足部动作和身体动作精准地与音乐关联； 4. 体现出所有节奏的主要原则。

（2）音乐中的运动的次级要素2：节拍韵律。节拍韵律是指舞者将步伐与音乐韵律结构相关联的能力。其运动表现评价标准见表1-63。

表1-63　拉丁舞节拍韵律的运动表现评价标准

一般：6分	良好：8分	优秀：10分
运用身体速度和脚部动作来表达强、中、弱拍。	运用身体速度和脚部动作来表达音乐重拍，敲击重拍及强、中、弱拍。	运用不同能量等级、身体速度、脚部动作和移动幅度来精确地展示音乐重拍，通过敲击重拍及强、中、弱拍创造出舞蹈的特点。
质量描述： 1. 尝试展示出正确的音乐重拍； 2. 半数时间里可以展示音乐重拍。	**质量描述：** 1. 用移动或控制移动的程度来展示正确的音乐重拍； 2. 大多数时间可以展示音乐重拍。	**质量描述：** 1. 用移动或控制移动的强度来精准地展示正确地音乐重拍； 2. 套路演绎的全过程都可以体现节奏韵律的重拍。

（3）音乐中的运动的次级要素3：音乐的结构。音乐的结构是指舞者演绎音乐中不同元素的能力，如小节、旋律、强弱等。其运动表现评价标准见表1-64。

表1-64 拉丁舞音乐的结构的运动表现评价标准

一般：6分	良好：8分	优秀：10分
使用脚部动作、腿部动作和形态展示音乐的旋律。	使用所有与舞蹈相关的动作展示音乐的旋律。	使用所有与舞蹈特性相关的动作展示音乐的不同旋律以表达舞蹈的特点。
质量描述： 偶尔在套路和身体上展示出音乐变化（如，从移动舞步到非移动舞步），以及随音乐旋律的变化而产生动作强度的变化（如，移动的幅度）。	**质量描述：** 1. 在身体动作和套路中展现较好的音乐处理（如，从移动舞步到非移动舞步、移动的幅度）； 2. 展示出舞蹈随音乐旋律变化的能力； 3. 用移动和身体动作展现旋律和旋律变化。	**质量描述：** 1. 在舞蹈中，将套路的变化和身体动作的变化与音乐精准地融合在一起（如，从移动舞步到非移动舞步、移动的幅度等）； 2. 身体动作与音乐相互呼应。

3. 评分要素三：舞伴间配合技巧

（1）配合技巧的次级要素 1：身体的交流。身体的交流是指身体上接触，用身体动作来表明意图。其运动表现评价标准见表 1-65。

表 1-65 拉丁舞身体的交流的运动表现评价标准

一般：6 分	良好：8 分	优秀：10 分
用身体活动和共有的中心来启动引带使舞伴回应；在握持范围内和共有的中心里，产生正确的身体反应动作。	将引带与跟随变为舞伴间配合，而不是单独的分开的个体移动。	创造双人间持续地交流，引带中有跟随，跟随中有引带。
质量描述： 1. 身体展示出可见的连接，但建立的交流有限，偶尔出现可见的引带与跟随； 2. 拉伸力被用来创造引带、速度或失衡，但是不太准确且不充足； 3. 建立了握持，但并不主动地创造引带与跟随； 4. 建立了中心，但交流不够明显。	**质量描述：** 1. 舞蹈中，连接的手（或其他身体部位）在不同身体位置有清晰的运动轨迹； 2. 连接手的运动质量对于舞步、运动或造型基本上是足够的； 3. 在连接手创造出的引带或者加速中，身体连接和稳定性是可见的； 4. 舞蹈时展示出正确的拉伸幅度（允许双人自由地运动，看不到僵硬的引带）； 5. 大部分时间有指向清晰的引带与跟随； 6. 有效地用身体的重量来引带或者跟随。	**质量描述：** 1. 即使在非常复杂的运动中，连接的手（或其他身体部位）在不同身体位置都有着清晰地运动轨迹； 2. 连接手的运动质量对于舞步、运动或造型是精确且充足的； 3. 在完整的连接和充足的节拍里，用连接手创造出运动或加速； 4. 舞蹈时展示出正确的拉伸幅度（允许双人自由地运动，完全看不到僵硬的引带）； 5. 始终没有过度用力； 6. 整个过程都展示出指向清晰的引带与跟随。

（2）配合技巧的次级要素 2：超平衡（抗衡、握持或下降）。超平衡是指在个人或者双人的运动、舞步或造型的使用和连接中，舞者不在自己的重心平衡上。其运动表现评价标准见表 1-66。

表 1-66　拉丁舞超平衡的运动表现评价标准

一般：6 分	良好：8 分	优秀：10 分
在创造握持或下降时使用超平衡或抗衡。	在创造和控制握持或下降时使用超平衡或抗衡，同时，保持姿态稳定和协调。	在创造和控制握持或下降时使用超平衡或抗衡，同时，保持姿态稳定和高度的协调，且将这种能力与舞蹈的其他部分相结合。
质量描述： 1. 下降造型没有明显的下降，但是有压力的表现； 2. 在做握持或下降时，姿态大部分正确，但会过度使用肌肉力量而不是使用超平衡或抗衡； 3. 女士的抗衡使用不充分而产生很沉的感觉； 4. 很好地控制速度来进行握持和下降； 5. 从握持和下降还原时，在不影响稳定性且无过分推拉的基础上获得正常的重心。	**质量描述：** 1. 下降造型没有明显的下降，并且几乎没有不稳定的现象； 2. 握持和下降的姿态正确，没有变形； 3. 以很强的速度控制力来进行握持和下降； 4. 从握持和下降还原时，在不影响稳定性且无过分推拉的基础上获得正常的重心，且能保持技术动作的连续性； 5. 进行握持和下降时，轻松且与其他身体部位运动有良好连接。	**质量描述：** 1. 轻松且非常稳定地做出下降造型； 2. 舞蹈时握持和下降的姿态正确； 3. 以绝对的速度控制来进行握持和下降； 4. 从握持和下降还原时，在不影响稳定性且无过分推拉的基础上获得正常的重心，且能保持技术动作的连续性； 5. 最大限度地进行个人身体协作和舞伴间联系的同时，进行握持和下降的还原。

（3）配合技巧的次级要素 3：空间的使用（无身体接触的引带）。空间的使用是指在舞伴间创造出适合做动作的空间。其运动表现评价标准见表 1-67。

表 1-67 拉丁舞空间的使用的运动表现评价标准

一般：6 分	良好：8 分	优秀：10 分
双人位置正确，空间的使用适合造型。	恰当地使用空间来提高表现力。	使用舞伴间的空间使表演更具有个性化，且整个舞蹈有连贯感。
质量描述： 1. 舞伴间空间使用不恰当，相互打扰，挤对方； 2. 在运动结束时没有握持，偶尔会出现用来调整的多余的步伐，或者变形动作； 3. 仅在简单的情况下，在没有身体连接的动作里，两人的中心位置有可见的相互联系，但在复杂的情况下并非如此； 4. 两位舞者总是在持续地调整彼此间的位置以创造空间。	**质量描述：** 1. 舞伴间空间合适，不会影响对方做动作； 2. 在运动结束时没有握持，舞者可以接近正确的距离来接下面的动作，且没有变形动作或者多余的调整； 3. 无论在简单的情况下还是较复杂的情况下，在没有身体连接的动作里，两人的中心位置有合适可见的相互联系； 4. 大多数情况下，用精确的移动来创造充足的空间。	**质量描述：** 1. 舞伴间空间很合适，不会影响对方自由地做动作，同时还能保持效率和动感； 2. 在运动结束时没有握持，舞者可以绝对正确的距离来接下面的舞步，且没有变形或者多余的调整； 3. 在没有身体连接的动作里，两人的中心位置有合适可见的相互联系，特别是在合并动作结束时； 4. 任何情况下，用精确地移动给自己和对方创造充足的空间。

(4) 配合技巧的次级要素 4：同步性。同步性是指节奏和步伐同步，即两人在侧面的位置或者节奏是一样的。其运动表现评价标准见表 1-68。

表 1-68　拉丁舞同步性的运动表现评价标准

一般：6 分	良好：8 分	优秀：10 分
在展示相同的动作或者没有身体接触时可以做到同步。	不一定是相同的运动，但在某个特定时刻同步协调。	持续地有意识地保持同步的感觉。
质量描述： 1. 在一对选手用相同的节奏展示相同的步伐或镜面步伐时，步伐和动作基本上是同步的； 2. 在包含配合的动作中（如，男士在拉长后背的女士上空做踢腿画圈的动作），大部分动作同步，但能看到调整； 3. 仅仅脚步动作是同步的，身体动作有轻微的不同。	**质量描述：** 1. 在一对选手用相同地节奏展示相同的步伐或镜面步伐时，步伐和动作是同步的； 2. 大部分时间里，不同动作能在同样的节奏里协调进行； 3. 在包含配合的动作中（如，男士在拉长后背的女士上空做踢腿画圈的动作），大部分动作同步且协调； 4. 用不同节奏展示不同步伐动作，但在大部分动作结束的瞬间是同步的； 5. 脚部动作与身体动作具有明显同步性。	**质量描述：** 1. 在一对选手用相同地节奏展示相同地步伐或镜面步伐时，步伐和动作是绝对同步的； 2. 不同动作能在同样的节奏里绝对协调同步地进行； 3. 在包含配合的动作中（如，男士在拉长后背的女士上空做踢腿画圈的动作），动作极度精确同步且协调； 4. 用不同节奏展示不同步伐动作，但在动作结束的瞬间是绝对同步的。

（5）配合技巧的次级要素5：稳定一致性。稳定一致性是指舞者在展示过程中持续保持舞伴间配合的能力。其运动表现评价标准见表1-69。

表1-69 拉丁舞稳定一致性的运动表现评价标准

一般：6分	良好：8分	优秀：10分
在搭手的舞伴间配合中，持续稳定地进行展示。	在搭手或非搭手的配合中，持续稳定地进行展示。	能够持续稳定的将舞伴间配合的技能与其他舞蹈部分相融合。
质量描述： 1. 在握持或者身体接触时，持续稳定地展示引带和跟随； 2. 在做非搭手动作时，缺少舞伴间配合。	**质量描述：** 1. 在任何情况下都能保持舞伴间配合； 2. 在任何时间里都能精确地展示同步性和身体引带。	**质量描述：** 1. 在自由地移动和每个动作变化不间断的基础上，舞者可以在任何情况下展示极度精确的舞伴间配合； 2. 舞伴间配合技巧完全地变为运动本身。

4. 评分要素四：编舞与展示

（1）编舞与展示的次级要素 1：套路结构和组成。套路结构和组成是指舞步的构成、节奏、空间使用、舞伴协作和难度。其运动表现评价标准见表 1-70。

表 1-70　拉丁舞套路结构和组成的运动表现评价标准

一般：6 分	良好：8 分	优秀：10 分
各类舞步的展示包括不同的层面。	展示一个较为全面的套路。	能展示出以下所有质量的套路。
质量描述： 套路中能体现以下五种质量中的两种： • 内容——在多种类型运动中展示出某种内容（旋转、移动、造型、弹跳等）； • 节奏——以基本节奏、复杂节奏、切分等展示节奏； • 舞伴配合——在身体连接、单人、两侧位置中综合展示舞步； • 空间——原地或者移动舞步时充分利用空间。协调且合适地使用整片场地； • 难度——用不同难度等级的动作来组成综合的运动（基本运动、高级变化、高度复杂运动、造型和技巧舞步）。	**质量描述：** 套路中能体现以下五种质量中的三种： • 内容——在多种类型舞步中展示出某种内容（旋转、移动、造型、弹跳等）； • 节奏——以基本节奏、复杂节奏、切分等展示节奏； • 舞伴配合——在身体连接、单人、两侧位置中综合展示舞步； • 空间——原地或者移动舞步时充分利用空间。协调且合适地使用整片场地； • 难度——用不同难度等级的动作来组成综合的运动（基本运动、高级变化、高度复杂运动、造型和技巧舞步）。	**质量描述：** 套路中能体现以下五种质量： • 内容——在多种类型运动中展示出某种内容（旋转、移动、造型、弹跳等）； • 节奏——以基本节奏、复杂节奏、切分等展示节奏； • 舞伴配合——在身体连接、单人、两侧位置中综合展示舞步； • 空间——原地或者移动舞步时充分利用空间，协调地且合适地使用整片场地； • 难度——用不同难度等级的动作来组成综合的运动（基本运动、高级变化、高度复杂运动、造型和技巧舞步）。

（2）编舞与展示的次级要素 2：非语言交流（在观众和舞伴间建立非语言交流）。非语言交流是指在观众与舞伴间创造不用语言的交流。其运动表现评价标准见表 1-71。

表 1-71　拉丁舞非语言交流的运动表现评价标准

一般：6 分	良好：8 分	优秀：10 分
展示出基本的非语言交流方式：触摸、靠近、眼神、姿态、身体位置等。	真正地用非语言交流方式来交流而不是空洞表演。	用非语言交流创造丰富、动态的叙事信息。
质量描述： 1. 套路中，不时地展示非语言交流的能力； 2. 通过两位舞者大部分姿态和面部表情进行非语言交流； 3. 运用非语言交流就像做设计过的动作。	**质量描述：** 1. 在套路中，在相互表达交流中展示非语言交流的能力； 2. 展示出在演绎套路时非语言交流的能力，并将其表达与观众相关联； 3. 两位舞者的非语言交流大致包括眼神、形态（身体语言）、手势、面部表情、触摸和距离。	**质量描述：** 1. 展示出用非语言交流提高套路和动作连接质量的能力； 2. 两位舞者的非语言交流符合舞蹈的风格特点并且包含所有其他方面； 3. 在套路中向观众展示完整丰富的非语言交流； 4. 在展示中使用精心选择的雅致大方的非语言交流。

（3）编舞与展示的次级要素3：选位与场地利用。选位与场地利用是指选择演绎套路的位置且有足够的空间演绎套路。其运动表现评价标准见表1-72。

表1-72　拉丁舞选位与场地利用的运动表现评价标准

一般：6分	良好：8分	优秀：10分
展示出在舞池中选择适合演绎套路位置的能力。	展示出在舞池中选择适合演绎套路位置的能力以及控制或停止套路以避免与其他选手冲撞的能力。	在不影响整体连接的情况下，展示出在舞池中选择适合演绎套路位置的能力以及控制或停止套路以避免与其他选手冲撞的能力。
质量描述： 1. 不在靠近（小于1米）舞池边缘、裁判或其他物品的地方演绎套路； 2. 偶尔能避免与其他选手冲撞或者妨碍舞池里其他选手。	**质量描述：** 1. 不在靠近（小于1.5米）舞池边缘、裁判或其他物品的地方演绎套路； 2. 在方向选择和位置选择上展示出灵活性； 3. 大部分情况下能够避免冲撞； 4. 选择一条最适合观众看的舞程线或位置。	**质量描述：** 1. 展示出灵活性和敏捷性； 2. 总是能够避免冲撞，除了其他选手引起的不可避免的冲撞； 3. 在舞池中找到最适合展示的空间； 4. 能保持最佳的位置以呈现表演。

（4）编舞与展示的次级要素 4：舞蹈风格。舞蹈风格是指通过不同舞蹈的舞蹈动作展示不同风格特点的能力。其运动表现评价标准见表 1-73。

表 1-73　拉丁舞舞蹈风格的运动表现评价标准

一般：6 分	良好：8 分	优秀：10 分
在舞蹈的技术特点里展示套路。	以所有的舞蹈条件传递舞蹈特点属性。	展示出赋予舞蹈典型与非典型动作结构风格的能力。
质量描述： 按照不同舞蹈特定的脚法、节奏、韵律等技术特点展示动作和舞步。	**质量描述：** 1. 展示出运用技术技巧的能力，能通过音乐和舞伴间配合技巧展示舞蹈风格特点； 2. 有效地运用形态、造型和技巧舞步来塑造舞蹈的风格特点。	**质量描述：** 1. 通过技术、音乐、舞伴间配合技巧和套路展示舞蹈风格特点； 2. 清晰地展示舞蹈所有的风格特点； 3. 在展示舞蹈风格的同时展示非典型动作结构。

（5）编舞与展示的次级要素 5：能量运用。能量运用是指在展示中舞者创造、运用、保持能量的能力。其运动表现评价标准见表 1-74。

表 1-74　拉丁舞能量运用的运动表现评价标准

合格：6 分	良好：8 分	优秀：10 分
展示出以持续的能量等级展现幅度、速度的能力。	展示出以强大的能量等级和耐力来展现力量、幅度、速度、灵活性等的能力。	展示出以强大的能量等级和耐力来展现力量、幅度、速度、灵活性等的能力，且给人以深入人心的感觉。

续表

合格：6 分	良好：8 分	优秀：10 分
质量描述： 1. 展示出达到标准速度以上的流动性动作（如，桑巴的向旁走步）和非流动性的动作（如，恰恰的古巴碎步），允许缺少一定协调性； 2. 过度用力，从头到尾保持高能量等级； 3. 选手不能维持能量等级（缺乏体力）； 4. 选手过度用力而影响舞蹈的其他部分（平衡、技术等）。	**质量描述：** 1. 大部分时候都大于标准速度，且不影响协调连接； 2. 从头到尾保持一个能量等级； 3. 有效地利用能量在运动中创造对比效果。	**质量描述：** 1. 在整个展示过程中始终表现能量控制力； 2. 没有表现出能量的缺乏。

（6）编舞与展示的次级要素 6：气氛。气氛是指展示出超越技术动作的表演，能有效地表达情感，感染观众。其运动表现评价标准见表 1–75。

表 1–75　拉丁舞气氛的运动表现评价标准

一般：6 分	良好：8 分	优秀：10 分
舞者与观众间的情绪和气氛创造是靠姿势而并非舞蹈。	通过运动的结构为不同舞蹈创造不同的情绪。	运动或舞步的变化与情绪变化的展示相关。
质量描述： 1. 用面部表情表达情绪而非舞蹈； 2. 大部分时间用手部动作尝试创造气氛。	**质量描述：** 1. 能够吸引观众来欣赏舞蹈的刺激性或者创造这支舞的动机； 2. 能够用不同舞蹈最合适的特点来创造气氛。	**质量描述：** 1. 每支舞蹈以不同的气氛完全地吸引观赏者； 2. 能够展现出浓烈的激动、感动和兴奋的气氛，并带动观众。

拉丁舞的具体动作与技术见表 1-76。

表 1-76 拉丁舞的具体动作与技术

• 刷步	• 沃尔塔动作	• 恰恰时间步
• 滑步	• 恰恰中的前进走步	• 恰恰沃尔塔交叉追步（第一种）
• 握持	• 恰恰中的后退走步	• 恰恰沃尔塔交叉追步（第二种）
• 拉丁交叉	• 恰恰和伦巴中的向旁走步	• 伦巴中的瓜帕恰节奏
• 梅林格动作	• 恰恰和伦巴中的前进切克	• 伦巴的库克拉恰
• 拉丁的旋转和转动	• 恰恰和伦巴中的后退切克	• 斗牛的跺脚
• 螺旋转	• 恰恰和伦巴中的延迟动作	• 斗牛的跟转
• 迈步	• 恰恰和伦巴中的前进且转步	• 斗牛的膝关节提升
• 回旋动作	• 恰恰和伦巴中的后退且转步	• 斗牛行进步
• 身体肌肉动作	• 恰恰和伦巴中的原地走	• 斗牛的身体姿势
• 延迟动作	• 恰恰和伦巴中的原地换重心	• 斗牛的身体拧转
• 足法	• 恰恰和伦巴中的古巴摇摆动作	• 斗牛的西班牙线条和前压弓步线条
• 足位	• 恰恰中的古巴破碎步	• 牛仔的摇滚
• 通用动作	• 恰恰中的向右追步	• 牛仔的追步
• 胯部运动轨迹	• 恰恰中的向左追步	• 牛仔的画圆追步
• 胯部肌肉动作	• 恰恰前进锁步（右左右）	• 牛仔的沃尔塔交叉追步
• 拉丁的姿势	• 恰恰前进锁步（左右左）	• 牛仔的锁步
• 转量	• 恰恰后退锁步（左右左）	• 牛仔的弹跳
• 弹动动作	• 恰恰后退锁步（右左右）	• 牛仔的跳跃动作
• 博达佛歌第一步	• 恰恰画圆追步	• 牛仔的弹踢动作
• 前进走步	• 恰恰扭臀追步	• 牛仔的转动量
• 向旁走步	• 恰恰滑并追步	• 牛仔的跳追步
• 骨盆的弹动动作	• 恰恰叉形追步	• 牛仔的换脚弹踢步
—	• 恰恰跑追步/梅林格追步	—

五、赛风赛纪管理办法

所有赛事相关主体在赛事运行过程中需严格遵守中国体育舞蹈联合会赛风赛纪管理办法（试行），详见附件 1-3-8。

附件 1-3-1　中国体育舞蹈联合会竞赛岗位人员劳务协议

甲方：　　　　　　　　　　地址：

乙方：　　　　　　　　　　身份证：

联系地址：　　　　　　　　联系电话：

因工作需要，甲方聘请乙方从事________一职，根据有关规定，甲乙双方在平等自愿、协商一致的基础上订立本协议，共同执行。

一、协议期限

本协议有效期自____年____月____日起至____年____月____日止。

二、用工约定

劳务用工协议期满，即自动终止。

三、工作职责

1. 乙方必须服从甲方的工作安排，按甲方确定的岗位职责按时、按质、按量地完成工作。

2. 乙方要自觉遵守甲方的各项规章制度和规定，做到遵章守纪，保证出勤。

3. 乙方在聘用期间不得损害甲方利益，因个人行为而给甲方带来经济损失的，乙方必须承担全部的责任。

4. 乙方应保守公司商业、薪资机密，有关的商业资料不得对外泄露，并不得无故携出，一经查获甲方即可解除本协议，并就民事侵权行为追究经济责任。

四、工作时间

乙方在甲方工作期间，具体工作时间以甲方出具的排班表为准。工作时间之外的任何行为属个人行为，甲方不承担任何责任。

五、劳动保护和劳动条件

1. 甲方应根据工作需要，向乙方提供必要的劳动工具和劳保用品，乙方调任时需将劳动工具归还甲方；乙方需向甲方提供相关适合工作强度的证明文件，包括且不限于工作承诺、健康承诺等。

2. 甲方在此期间应主动对乙方进行技术培训和指导。

3. 甲方不承担乙方社会保障和公积金缴纳义务。

六、劳务费

1. 乙方为甲方工作，甲方在工作结束后____日应支付劳务费人民币____元给乙方。

2. 所得税缴纳。

□ 甲方代为扣缴乙方应承担的个人所得税；

□ 乙方自行缴纳。

七、有下列情形之一，甲方可立即解除本协议

1. 乙方违反甲方劳动纪律、规章制度的；

2. 因乙方失职，给甲方利益造成损失的；

3. 不服从分配，有违法、严重违纪行为的；

4. 乙方被依法追究刑事责任、行政拘留或劳动教养的；

5. 甲方宣告解散的。

八、其他

1. 本协议经甲、乙双方签字后生效。

2. 本协议未尽事宜，经甲、乙双方协商后，进行修订和补充。

3. 本协议一式两份，甲、乙双方各执一份。

甲方（单位）盖章：　　　　　　　　乙方（劳动者）签字：

法人代表（或委托人）签字：

年　月　日　　　　　　　　　　　　年　月　日

附件 1-3-2 中国体育舞蹈联合会竞赛岗位人员个人健康承诺书

×××××主办方：

本人__________（身份证号：__________），承诺自己的身体健康状况完全可以承受本次工作的强度，没有以下疾病或不良嗜好：

□ 心脏病、高血压等心脑血管方面的疾病；

□ 呼吸系统疾病；

□ 传染性疾病；

□ 无法自控的精神类疾病；

□ 吸食、注射国家规定禁止的成瘾类药物；

□ 其他影响工作状态的疾病。

如有隐瞒愿意接受主办方给予的任何处理，在工作过程中如出现任何因身体疾病导致的后果，相关责任全部由本人承担。

特此承诺。

承诺人签字：

年 月 日

（注：承诺书必须本人签字确认并按指纹，他人不得代签。）

附件 1-3-3 体育竞赛裁判员管理办法（试行）

第一章 总 则

第一条 为加强裁判员队伍的建设，保证体育竞赛公正有序进行，根据《中华人民共和国体育法》，制定本办法。

第二条 国务院体育行政部门和地方各级人民政府体育行政部门根据裁判员

的技术等级和业务水平，对裁判员实行分级审批、分级注册、分级管理。

第三条　国务院体育行政部门授权全国性单项体育协会对本项目的国家级以上裁判员进行考核和注册；地方各级体育行政部门对本地区、本部门审批的裁判员进行考核和注册。

第二章　裁判员委员会

第四条　全国性单项体育协会成立裁判员委员会（以下简称裁委会）。裁委会在各单项体育协会领导下，学习研究、准确把握国际规则并负责本项目裁判员的培训和管理工作。

第五条　裁委会由主任一人，副主任四至六人，委员若干人组成。裁委会成员必须是国际级或国家级裁判员，并由参加本项目裁判员代表大会的国家级裁判员选举产生，全国单项体育协会批准。裁委会主任、副主任名单须报国务院体育行政部门备案。

第六条　裁委会负责协助全国单项体育协会制定本项目裁判员发展规划；负责组织裁判员学习、考核、注册；按规定举办裁判员晋级考试；对本项目裁判员的奖惩提出具体意见；修订本项目裁判法和规则。

第七条　地方各级体育行政部门可以根据本地区、本系统裁判员规模，成立裁委会。不具备成立裁委会条件的地区和部门，可以由本地区体育行政部门或单项体育协会代行裁委会职责。

第三章　技术等级的申报与审批

第八条　裁判员的技术等级分为国际级、国家级、一级、二级、三级，另设荣誉裁判员。

第九条　掌握和正确运用本项目竞赛规则和裁判法，能够胜任裁判工作，经县级体育行政部门培训并考核合格者，可以申报三级裁判员，由县级体育行政部门审批。

第十条　熟悉本项目竞赛规则和裁判法，能够比较准确运用，具有一定的裁判工作经验；任三级裁判员满两年，并且至少三次在县级体育比赛中担任裁判工作的，可以申报本项目二级裁判员，由地、市级体育行政部门审批。

第十一条　熟练掌握和运用本项目竞赛规则和裁判法；具有丰富的临场执法经验和组织该项竞赛裁判员工作的能力；任二级裁判员满三年，并且曾两次担任省级以上比赛裁判员或至少两次在地、市级比赛中担任副裁判长以上职务的，可以申报本项目一级裁判员，由各省级体育行政部门审批。

第十二条　精通本项目竞赛规则和裁判法，并能准确、熟练运用；具有较高的裁判理论水平和丰富的实践经验，具有组织该项目竞赛裁判工作的能力；掌握本项目竞赛编排方法和外文规则；任一级裁判员满三年，并且曾两次任全国性比赛裁判员或至少两次在省级比赛中任副裁判长以上职务的，可以申报本项目国家级裁判员，由国务院体育行政部门审批。

第十三条　至少两次在全国性比赛中任副裁判长以上职务的国家级裁判员，经国务院体育行政部门批准后，方可申报国际级裁判员，由国际单项体育协会审批。

第十四条　中国人民解放军、全国性行业体育协会和国务院体育行政部门直属体育院校经国务院体育行政部门授权后，可以审批各项目或部分项目一级以下（含一级）裁判员。直属体育院校批准的裁判员应当报所在省级体育行政部门备案。

第十五条　国家级裁判员或少数具有突出贡献的一级裁判员，从事裁判工作二十年以上（如有杰出贡献者，在符合其他申报标准的前提下，其申报年限可适当放宽），积极参加该项竞赛裁判工作，在全国性比赛及国际比赛中未出现明显错判，至少十次在全国性比赛中任裁判员，年龄在50岁以上，可以由省级体育行政部门推荐，全国性单项体育协会裁委会评议，报国务院体育行政部门批准，授予荣誉裁判员称号。

第十六条　各级体育行政部门不得跨地域、跨系统审批裁判员。一级以下（含一级）裁判员由于工作调动，可持审批单位证明和本人裁判员证书到所在地方相应的体育行政部门更换裁判员证书。国家级裁判员调离所在省份或系统，须报全国性单项体育协会备案。

第十七条　申报各级裁判员必须严格遵守技术等级制度的规定。全国性单项体育协会根据本项目具体情况，并经国务院体育行政部门批准，可以将本项目国家级裁判员划分为若干档次，规定本项目各级裁判员申报年龄和临场裁判员的最高年龄。

第十八条　各级裁判员审批单位必须至少每两年举办一次裁判员晋级考试。通过考试者应当将裁判员等级申报表和本人裁判员证书一同交审批单位，并申报相应的裁判员技术等级称号。

第四章　裁判员注册

第十九条　各级裁判员审批部门每两年必须对所批准的裁判员进行注册，荣誉裁判员可以不进行注册。每偶数年的 12 月 1 日至次年 1 月 31 日为各项目裁判员的注册期；全国性单项体育协会报经国务院体育行政部门批准后，可以根据本项目的特点另行确定裁判员注册期。

第二十条　国际级、国家级裁判员应当到全国性单项体育协会进行注册，每人交纳注册费 50 元；个别项目因特殊情况需要提高收费标准的，应当由全国性单项体育协会报国务院体育行政部门批准后施行。

第二十一条　一级裁判员由省级体育行政部门或国务院体育行政部门授权的单位进行注册，并报全国性单项体育协会备案。

第二十二条　二、三级裁判员由各地、县级体育行政部门进行注册，并报省级体育行政部门备案。

第二十三条　裁判员有下列情节者，暂停注册一次：

（一）受到赛区或审批单位处罚；

（二）考核不合格；

（三）两年内未担任裁判工作和未参加裁判学习。

第二十四条　各级裁判员必须持有经过注册的裁判员等级证书方能参加全国体育竞赛裁判员临场执法工作；连续两次未经审批单位注册的裁判员，技术等级称号自动取消，其裁判员证书失效。

第五章　裁判员选派

第二十五条　体育竞赛的主办单位负责选派和聘请该次比赛的裁判员。

第二十六条　全国性比赛，副裁判长以上职务由国家级以上裁判员担任，临场裁判员技术等级为一级以上；省级比赛，副裁判长以上职务由一级以上裁判员担任，临场裁判员技术等级为二级以上；地、县级比赛，副裁判长以上职务分别由一级和二级以上裁判员担任，地、县级比赛临场裁判员技术等级为三级以上。

第二十七条　裁判员的选派应当遵循公开、公正的原则。全国单项竞赛就近选派裁判员，其数量不超过该次比赛裁判员总数（不含辅助裁判员）的四分之三，不足部分由承办单位按规定补充。全国综合性运动会裁判员的选派，采取省级体育行政部门推荐，全国性单项体育协会审核，报国务院体育行政部门批准的办法，具体比例不受限制。

第二十八条　辅助裁判员的技术等级可以适当放宽，具体要求由主办单位与承办单位商定。

第二十九条　竞赛的主办单位应当责成总裁判长于赛前认真审核裁判员证书的注册登记情况。如裁判员未能出示符合规定的裁判员证书，竞赛组委会必须立即停止其裁判工作，所有费用赛区不予承担。

第六章　裁判员权利和义务

第三十条　各级裁判员享有以下权利：

（一）参加全国各级各类竞赛裁判工作；

（二）参加审批部门组织的裁判员学习和培训；

（三）监督本级裁判组织执行各项裁判员制度；

（四）接受体育竞赛主办单位支付的劳动报酬；

（五）对于本项目裁判队伍中的不良现象有检举权；

（六）对于本级裁判组织做出的技术处罚，有向上一级裁判主管部门申诉的权利。

第三十一条　各级裁判员应当承担下列义务：

（一）培养和坚持良好的职业道德，在竞赛工作中公正执法；

（二）钻研本项目规则和裁判法；

（三）培训和指导下一级裁判员；

（四）承担审批单位指派的裁判任务及担任下一级体育比赛裁判工作；

（五）配合裁判组织进行有关裁判员执法情况的调查。

第七章　裁判员管理

第三十二条　裁判员参加竞赛执法实行回避制度。从裁判员到赛区开始，就要遵守不与外界，特别是运动队联系的规定。条件成熟的项目，可以采用比赛开始前30分钟明确执场裁判员的办法，以保证裁判员公正执法。

第三十三条　各级裁判员审批单位至少每两年举办一次裁判员培训，并对本单位审批的裁判员进行考核。各级体育比赛的裁判长和副裁判长，应当对参加比赛裁判工作的裁判员进行考核，并在其裁判员证书内填写考核意见。

第三十四条　各级裁判员审批部门每四年举办一次优秀裁判员评选活动。国务院体育行政部门表彰国家级以上或有特殊贡献的优秀裁判员。各单项体育协会至少每三年举办一次本项目优秀裁判员评选活动，并对优秀裁判员予以奖励。

第三十五条　对裁判员的处罚分为：警告，取消该次评审比赛（含联赛）裁判资格，停止裁判工作两年，撤销等级称号并终身停止裁判工作。

第三十六条　对裁判员的警告和取消该次比赛裁判资格的处罚，由竞赛组委会做出，并报该裁判员审批单位备案；裁判员被停止裁判工作两年、撤销技术等级称号并终身停止裁判工作的处罚由竞赛组委会报该裁判员审批单位批准，由该审批单位发出通报。

第三十七条　受到赛区处分的裁判员，由该次比赛的裁判长在该裁判员证书内注明。在赛区工作期间，不遵守赛区纪律或在临场执法中出现漏判、错判者，给予警告。凡在同一比赛中（含联赛）受到两次警告或在赛区酗酒滋事的裁判员，取消该次比赛裁判资格。凡在比赛中执法不公，有意偏袒一方，妨碍公正执法者，停止裁判工作两年。

第三十八条　凡裁判员有下列情节者，给予撤销技术等级称号，终身停止裁判工作的处分：

（一）行贿受贿，执法不公；

（二）在重要比赛中，出现明显错判、漏判，造成恶劣影响；

（三）触犯刑律，受到刑事处罚。

第八章　附　则

第三十九条　地方各级体育行政部门，可以依据本办法制定相应的管理办法和实施细则。

第四十条　本办法自颁布之日起施行。原国家体委发布的［81］体球字238号文件《裁判员技术等级制度》同时废止。

附件1-3-4　关于加强各级体育舞蹈裁判员、教练员（教师）培训管理的通知

各有关单位、裁判员及教练员（教师）：

根据国家体育总局颁布的《体育竞赛裁判员管理办法》，中国体育舞蹈联合会制定的《体育舞蹈裁判员管理办法》和《体育舞蹈教练员（教师）管理办法》已于2016年1月1日正式执行，对体育舞蹈裁判员、教练员的培训、考核、等级认证、等级晋升、证书发放、注册、派遣等进行了重新规定。现结合各地开展上述工作时的实际情况，为规范各级裁判员、教练员（教师）培训管理，通知如下：

一、培训、考核、认证管理

（一）承接省级体育主管部门体育舞蹈裁判员、教练员（教师）技术等级认证工作的各省、自治区、直辖市、计划单列市体育舞蹈协会是国家一级裁判员和教练员（教师）培训的权利和责任主体，应根据《体育舞蹈裁判员管理办法》和《体育舞蹈教练员（教师）管理办法》制定本地区符合实际的裁判员、教练员（教

师）管理办法，合理、统一规划本地区年度培训考核计划，避免冲突。

（二）承接地（市）、县（区）级政府体育主管部门二、三级体育舞蹈裁判员、教练员（教师）技术等级认证工作职能的同级体育舞蹈协会负责二级、三级裁判员的技术等级认证等管理工作。

（三）各级地方体育舞蹈协会组织不健全的，由相应的地方政府体育主管部门按照《体育舞蹈裁判员管理办法》和《体育舞蹈教练员（教师）管理办法》负责本地区裁判员、教练员（教师）的技术等级认证等管理工作。

（四）各级体育舞蹈协会获得本级体育主管部门的授权后，方可负责组织本级体育舞蹈裁判员、教练员（教师）的培训、考核及认证工作。请获得一级体育舞蹈裁判员、教练员（教师）资格认证授权单位填写登记表格（见附件），报中国体育舞蹈联合会备案。

二、证书管理

（一）各级体育舞蹈协会根据制定的裁判员、教练员（教师）培训考核计划填写各级裁判员证书、教师证书订购表格，报中国体育舞蹈联合会。

（二）无本级体育舞蹈协会组织的地区，可由本级体育主管部门提交证书订购表格。

三、联系人

中国体育舞蹈联合会

陈晓芸：010-87182169、67183764，传真：010-67133577。

地址：北京市东城区体育馆路 9 号。

附件：体育舞蹈一级裁判员、教练员（教师）资格认证授权登记表（见表 1）。

中国体育舞蹈联合会

2017 年 1 月 12 日

表 1　体育舞蹈一级裁判员、教练员（教师）资格认证授权登记表

被授权单位名称			
联系人		电话	
传真		邮箱	
授权体育主管部门意见	（单位公章） 年　月　日		
中国体育舞蹈联合会备案	（单位公章） 年　月　日		
备注			

请填写表格并加盖公章后于 2017 年 3 月 1 日前报中国体育舞蹈联合会秘书处备案。

附件 1-3-5　中国体育舞蹈联合会裁判员承诺书

为了使中国体育舞蹈联合会的裁判工作更加公平、公正、公开，在执行中国体育舞蹈联合会交给的裁判任务中，我向中国体育舞蹈联合会做出如下承诺：

一、坚持“廉洁、公平、公正、严肃、认真、严格、准确”的裁判工作方针，坚决抵制任何违背公平竞赛精神和体育道德的行为；

二、遵守《中国体育舞蹈联合会裁判员管理办法》中的一切条款；

三、不得接受任何参赛单位、个人以任何形式赠送的现金、有价证券、支付凭证或礼品，严禁参与任何可能影响比赛公平性的项目和活动；

四、比赛期间，裁判员不得在外留宿，不得私自在非公开场合与运动队接触或联系，严禁酗酒、赌博等行为；

五、不搞集团利益，不搞小动作，不做违背体育道德的事情，为参赛运动员负责，让所有运动员得到公正的分数和成绩；

六、如违反上述承诺，本人愿意接受中国体育舞蹈联合会做出的任何处罚。

中国体育舞蹈联合会　　　　　　　　裁判员

盖章　　　　　　　　　　　　　　　签字

年　月　日　　　　　　　　　　　　年　月　日

附件 1-3-6　中国体育舞蹈联合会裁判员评分表格（模板）

一、预赛评分表

预赛评分表见图 1。

3

14. 业余华尔兹单项预赛

场次(No.)：**3**　　比赛日期(Date)：2017-12-24　　第1单元　　评判员签名：

分组(Heats)：2	参赛(Couples)：23	入围(Selected)：12	评　判　员

第 1 组

背号	2	71	77	85	93	101	105	114	131	140	148													
W																								

第 2 组

背号	1	69	72	81	86	98	103	109	129	132	143	149												
W																								

图 1　预赛评分表（模板）

二、半决赛评分表

半决赛评分表见图2。

9

14. 业余华尔兹单项半决赛

场次(No.)：**9**　　比赛日期(Date)：2017-12-24　　第1单元　　评判员签名：

分组(Heats)：1	参赛(Couples)：13	入围(Selected)：6	评　判　员

背号	1	2	71	77	81	98	101	103	105	131	132	148	149											
W																								

图2　半决赛评分表（模板）

三、决赛评分表

决赛评分表见图3。

14. 业余华尔兹单项决赛(Final)

No: **22**　　日期(Date)：2017-12-24　　第1单元

对数：8　评判：

背号	W华尔兹			
1				
2				
71				
77				
101				
132				
148				
149				

图3　决赛评分表（模板）

附件 1-3-7 中国体育舞蹈联合会赛事淘汰赛样单及成绩公告（模板）

一、淘汰赛（预赛）样单

淘汰赛（预赛）样单见图 1。

淘 汰 表
Mark Sheet

场次(No.)： 3　　比赛日期(Date)：2017-12-24 第1单元　　参赛(Couples)： 23

项目(Categories) 14. 业余华尔兹单项　　赛次(Round) 预赛　　入围(Selected)： 12

评判(Judgment)

背号	计数 Cont.	出线	W A	B	C	D	E	F	G	H	I	J	K	A B C D E F G H I J K	A B C D E F G H I J K	A B C D E F G H I J K	A B C D E F G H I J K	加赛
0103	5	Q	1	1	1	1	1											
0132	5	Q	1	1	1	1	1											
0002	5	Q	1	1	1	1	1											
0061	5	Q	1	1	1	1	1											
0001	4	Q	1	1	1	1												
0077	4	Q		1	1	1	1											
0098	4	Q		1	1	1	1											
0148	4	Q		1	1	1	1											
0071	4	Q	1	1		1	1											
0101	4	Q	1	1	1	1												
0131	3	q	1		1	1												
0105	3	q	1		1		1											
0149	3	q	1		1		1											
0093	2		1	1														
0129	2					1	1											
0109	1		1															
0069	1				1													
0072	1			1														
0114	1						1											
0086																		
0085																		
0140																		
0143																		

1

图 1　淘汰赛（预赛）样单

二、淘汰赛（半决赛）样单

淘汰赛（半决赛）样单见图2。

淘 汰 表
Mark Sheet

场次(No.)： 9　比赛日期(Date)：2017-12-24 第1单元　参赛(Couples)： 13

项目(Categories) **14. 业余华尔兹单项**　赛次(Round) **半决赛**　入围(Selected)： 6

评判(Judgment)

背号	计数 Cont.	出线	W A	B	C	D	E	F	G	H	I	J	K	A B C D E F G H I J K	A B C D E F G H I J K	A B C D E F G H I J K	A B C D E F G H I J K	加赛
0002	5	Q	1	1	1	1	1											
0077	5	Q	1	1	1	1	1											
0148	5	Q	1	1	1	1	1											
0101	3	Q	1		1		1											
0132	3	Q	1		1		1											
0001	2	q				1	1											
0071	2	q		1		1												
0149	2	q	1			1												
0103	1			1														
0105	1				1													
0131	1			1														
0081																		
0098																		

总裁判长：　　　　竞赛部长：

图2 淘汰赛（半决赛）样单

三、决赛成绩舞种顺位表

决赛成绩舞种顺位表见表1。

表1 决赛成绩舞种顺位表

顺位表

比赛日期（Date）：2018-6-23 第1单元　　场次（NO）：23-1

项目（Categories）：女子单人精英B组标准舞

裁判（Judgement）：A-　B-　C-　D-　E-　F-　G-　Q-　S-　Y-　Z-

舞种 Dances 华尔兹 W

背号	A	B	C	D	E	F	G	Q	S	Y	Z	1-	1-2	1-3	1-4	1-5	1-6		名次（Rank）

四、决赛成绩总分顺位表

决赛成绩总分顺位表见表2。

表2 决赛成绩总分顺位表

总分顺位表

比赛日期（Date）：2018-6-23 第1单元　　场次（NO）：23-1

项目（Categories）：女子单人精英B组标准舞

背号	名次（Rank）	华尔兹					合计

五、决赛名次公告样单

决赛名次公告见图3。

决 赛 名 次

RANK

比赛NO.：22

项目（Categories）14.业余华尔兹单项

名 次 Rank	背 号	男 选 手 Male Partner	女 选 手 Female Partner	代 表 单 位 Country Or Region
1				
2				

图3 决赛名次公告（模板）

附件1-3-8 中国体育舞蹈联合会赛风赛纪管理办法（试行）

第一章 总 则

第一条 为加强体育舞蹈比赛赛风赛纪管理，规范体育舞蹈竞赛管理工作人员、裁判员及各参赛队人员的行为，确保体育舞蹈比赛公平、公正、健康、有序进行，特制定本管理办法。

第二条　本管理办法适用于国家体育总局社会体育指导中心、中国体育舞蹈联合会主办、承办、批准举办和批准参加的各级体育舞蹈比赛。

第三条　综合性运动会体育舞蹈比赛赛风赛纪管理工作按照国家体育总局有关规定执行，国家体育总局有关规定未予以明确说明的部分，按照本管理办法执行。

第二章　工作人员

第四条　自觉严格遵守国家法律法规和国家体育总局各项规章制度，恪尽职守、清正廉洁，切实抵制和纠正体育竞赛中的不正之风，树立和维护体育行业的良好形象。

第五条　参加综合性运动会体育舞蹈比赛的工作人员须遵守《全国综合性运动会工作人员纪律规定》。

第六条　严格执行各项廉洁自律规定，不收送现金、有价证券和支付凭证，严禁参与各种形式的高消费娱乐活动、赌博或色情性质的活动，不接受可能影响公正执行公务的宴请、旅游安排和礼物馈赠。

第七条　思想端正，作风严谨，客观公正，工作高效；仪表整洁，精神饱满，言语文明，行为规范；工作场合不吸烟，严禁因饮酒影响工作。

第八条　在竞赛组织和裁判员选派工作中坚持公开、平等、竞争、择优原则，统一标准、精心组织，严禁暗箱操作、以权谋私，严禁采用任何手段干扰裁判员公正执法和篡改比赛计分结果。

第九条　抵达赛区后不得私自外出，如遇特殊情况需向分管领导请假；除组委会和中国体育舞蹈联合会统一安排的活动外，其他活动一概不参加。

第十条　严禁单独或私下与参赛运动队或者参赛运动员进行非公务接触，严禁与运动队或运动员就参赛人员或者裁判员的有关安排进行交流或发表意见。

第十一条　坚决贯彻执行有关反兴奋剂规定，认真检查与监管赛会期间的食品安全工作，积极协助兴奋剂检查官进行兴奋剂检查。

第十二条　工作人员如违反上述有关规定，一经查实，一律先解除比赛任职资格，并予以严肃处理，情节严重者将追究其党纪政纪责任。

第三章 裁判员

第十三条 遵守国家体育总局颁布的《裁判员守则》。

第十四条 公平、公正、准确，积极主动、尽职尽责、团结协作，不断提升专业素养。

第十五条 仪表整洁，工作期间按要求统一着装；尊重运动员、教练员等参赛人员，尊重承办单位工作人员，语言清晰规范、行为文明友善；展现健康的形象和良好的精神风貌。

第十六条 工作场合严禁吸烟。严格遵守比赛场馆禁烟规定。

第十七条 严禁因饮酒影响工作，严禁酗酒滋事。

第十八条 按时赴赛区报到、离会，参加各项工作、会议和官方活动，不迟到、早退，如有特殊情况须向裁判长请假；离开驻地和工作地点须请假，经批准后方可外出，并按时返回销假；在赛区工作期间须严格遵守作息时间，晚间必须于23：00前返回驻地就寝（因工作需要组委会做出特殊安排的情况除外）。

第十九条 除比赛期间统一发放的津贴之外，严禁收受任何单位或个人赠送的现金、有价证券或支付凭证；无法拒收的，须在24小时之内上交竞赛督察组。

第二十条 严禁单独或私下与参赛队、与其有关的单位和人员进行非公务接触，禁止接受其宴请。

第二十一条 严禁参与高消费娱乐活动，带有赌博或色情服务性质的活动。

第二十二条 对参赛单位的抗议或申诉应按照规定程序，由仲裁委员会统一处理和对外发布结果，不得擅自发表评论。

第二十三条 严禁任何裁判员有操作比赛结果的行为，包括在赛事期间抱团打分，口头打招呼，暗示其他裁判员，或者影响其他裁判员，公正执裁等有违裁判行为准则的行为。

第二十四条 经中国体育舞蹈联合会同意，技术委员会主任或其他裁判员可代表裁判员团队接受采访。接受采访不得影响正常工作，回应采访应维护体育舞蹈运动、中国体育舞蹈联合会和比赛组委会的正面形象，回答内容一般应在自身职责范围内，不得发表不恰当的言论，不得透露内部工作信息和其他尚未确定、不宜对外公布或公布后不利于工作正常开展的信息。

第二十五条　赛前三个月内，裁判员参与集训或者给不属于自己所处的俱乐部、培训学校的参赛运动员上课，需要主动报告裁判长，主动回避该选手参赛组别的执裁工作。否则一经举报，将对该裁判员进行通报批评，并在该年度不再调用。

第二十六条　裁判员违反上述规定，将按照《中国体育舞蹈联合会裁判员管理办法》进行处罚。首先终止本场次执裁任务，其次视行为严重程度，按照中国体育舞蹈赛事信用管理相关规定，进行官网公示。

第四章　参赛队人员

第二十七条　参赛队须加强对运动员、随队人员的思想教育和管理，各队领队和主教练是赛风赛纪管理和反兴奋剂工作的直接责任人。

第二十八条　运动员须遵守国家体育总局颁布的《运动员守则》。

第二十九条　严格执行国务院颁布的《反兴奋剂条例》，国家体育总局《关于严格禁止在体育运动中使用兴奋剂行为的规定（暂行）》等法规，积极配合兴奋剂检查。

第三十条　严禁以任何理由和形式与裁判员、仲裁委员会成员以及工作人员进行非公务接触，不得送礼、行贿、宴请，不得提出违规要求。

第三十一条　遵守各项竞赛规则、规程，遵守比赛组委会各项管理规定，服从比赛组委会安排。

第三十二条　尊重对手，尊重裁判员，尊重观众；服从裁判员指示，对判罚有异议通过规定的渠道和程序抗议或申诉；展现良好的精神风貌，维护体育舞蹈项目形象，弘扬中华体育精神。

第三十三条　按照比赛组委会统一安排参加开幕式、颁奖仪式等活动，准时到场，统一着装；保持训练和比赛场馆清洁卫生，爱护器材设备。获奖运动员须本人亲自领奖，参加颁奖仪式须着赛服，特殊情况本人无法领奖的须通过所在队报中国体育舞蹈联合会，经批准后方可由其他运动员或随队人员代领。

第三十四条　参赛队、运动员如因伤病等原因无法参加比赛组委会安排的活动，需提供县级以上医院诊断证明，并经中国体育舞蹈联合会批准。

第三十五条　运动员或参赛队若违反反兴奋剂规则规定，将按照有关反兴奋剂规定和管理办法严肃处理，追究运动员和有关人员责任。

第三十六条　参赛队人员有下列行为之一的，将视情节轻重给予有关运动员、教练员和参赛队处罚，包括：警告、诫勉谈话、取消比赛资格、取消比赛成绩、取消体育道德类奖项评选资格、扣罚当场比赛奖金、扣减相关运动员国内排名积分、取消国家集训队入选资格和出访参赛资格、全国通报批评、建议所属单位给予行政处分、停赛 1 至 4 年等，情节特别恶劣、反复严重违规的将给予终身禁赛的处罚。此外，由于违规行为造成的一切损失由当事人负责赔偿并承担相关的法律责任。

（一）向裁判员、仲裁委员会成员、组委会工作人员、其他参赛队收或送现金、有价证券和支付凭证；

（二）虚假比赛行为，如：在运动员参赛资格（包括运动员年龄）上弄虚作假、为操纵比赛结果而实施的消极比赛行为、违规干扰竞争对手比赛进程等；

（三）不文明的语言和行为，如：辱骂他人、打架斗殴、故意损坏比赛器材、在赛场上随意丢弃垃圾、用餐时严重浪费等；

（四）不服从管理，扰乱赛场秩序，不尊重观众或煽动观众干扰比赛等；

（五）故意干扰、阻碍其他运动员比赛；

（六）干扰裁判员执裁，不服从判罚，攻击裁判员等；

（七）罢赛或无故弃权；

（八）拒绝领奖、无故不参加颁奖仪式、未经批准由他人代替参加颁奖仪式、参加颁奖仪式未按要求着装等；

（九）在比赛期间酗酒、赌博或从事其他违法行为；

（十）向媒体散布不实或不负责任的言论；

（十一）发生任何赛风赛纪问题并造成不良社会、舆论影响；

（十二）其他严重违规行为。

第五章　工作机构和职责

第三十七条　体育舞蹈比赛设立竞赛督察组，设组长1名、成员4至6名。具体人员由中国体育舞蹈联合会、比赛承办单位、裁判员和参赛队代表组成。

第三十八条　竞赛督察组负责全面监督与检查比赛期间的赛风赛纪问题，负责受理相关的举报、调查核实赛风赛纪问题并提出处罚意见、宣布处罚决定等。

第三十九条　竞赛督察组有权直接做出警告、诫勉谈话、取消比赛资格、取消比赛成绩、取消体育道德类奖项评选资格、扣罚当场比赛奖金的处罚（包括本队和“利益相关队”），并第一时间向中国体育舞蹈联合会提交书面报告。

第四十条　竞赛督察组有权提出取消相关运动员本场次比赛成绩、扣减相关运动员国内排名积分、取消国家集训队入选资格和出访参赛资格、全国通报批评、建议所属单位给予行政处分、停赛1至4年等处罚意见，并第一时间报中国体育舞蹈联合会审查，由中国体育舞蹈联合会按照相关程序做出最终处罚决定。

第四十一条　对竞赛督察组做出的处罚决定如有异议，各参赛队可向社会体育指导中心提出申诉。

第四十二条　体育舞蹈比赛专门设立专家组，由三位中国体育舞蹈联合会的技术代表组成，负责每场次比赛的专家判分。

第四十三条　如裁判组判分与专家组判分出现以下疑义，可进行技术判分的复核，并由专家组做出最终分数的裁决。

（一）在预赛、复赛、半决赛的轮次赛中，当值裁判出现严重的记分表失误（入选下一轮次的人数与专家评分结果相差50%）；

（二）在决赛轮次中，当值裁判的评分结果出现排位与专家组判分相差3个位次以上（含3个），或者评分分值相差0.5分以上；

（三）出现上述失误时，电脑计分软件对该裁判实行分数锁定功能，以黄颜色警告计分组，并第一时间通知比赛专家组和竞赛监督组；

（四）就有关评分结果有差异的情况进行原因审核，最终由专家组复核并确定最终结果。

第六章　附　则

第四十四条　本办法解释权归中国体育舞蹈联合会。

第四十五条　本办法自发布之日起执行。

第四节　体育舞蹈赛事收尾

一、致谢与表彰

在体育舞蹈赛事收尾阶段，由主办单位向体育舞蹈赛事运行管理的外部机构及人员致谢，对赛事运行内部机构及人员表示感谢并予以表彰。

致谢的对象包括政府部门、承办单位、媒体记者、赞助商、捐赠者、志愿者等为体育舞蹈赛事提供了支持与帮助的个人和组织；表彰对象包括直接参与体育舞蹈赛事运行的单位及个人。

二、文件归档

在体育舞蹈赛事收尾阶段，要注意相关文件的整理和归档，包括：

（1）承办赛事及赛事运行工作的指示、批复文件。

（2）赛事组委会各部门会议记录和会议纪要。

（3）竞赛组织类：竞赛规程、秩序册、运动员报名手册、竞赛相关文件以及反映竞赛工作的其他文件材料。

（4）领导成员名单、组织机构设置、技术官员选派文件、志愿者招募培训管理、工作人员补贴办法及反映人事工作的其他文件材料。

（5）收支报表、财务经费相关文件以及反映财务工作的其他文件材料。

（6）安全保障工作方案、应急预案以及反映安保工作的其他文件材料。

（7）赛事竞赛数据、成绩单、联络单等。

(8) 媒体、新闻宣传运行报道工作意见。

(9) 赛事活动中的其他文件。

三、财物处置及财务报告

体育舞蹈赛事结束后，应尽快处置设备、器材、办公用品等，按照“谁发放，谁回收”的原则清点回收。同时在收尾阶段，对应收、应付款项及时清理结算，避免产生经济损失或纠纷。财务报告要遵守《中华人民共和国会计法》《企业会计制度》《企业财务会计报告条例》等相关法规条例，要遵循公认的会计原则。财务报告编制完毕后，需报相关部门备案。

四、评估总结

赛事评估总结详见本书第三章。

第二章　中国体育舞蹈联合会参赛指引

本章提要

本章从参赛运动员的视角出发，论及参赛运动员赛前注册报名缴费工作、参赛流程、参赛运动员相关规定和要求等，为体育舞蹈参赛运动员顺利参与赛事提供指导。

关键术语

参赛运动员注册报名缴费、参赛流程、参赛运动员行为规范、赛事积分计算运动员参赛指引流程图见图 2-1。

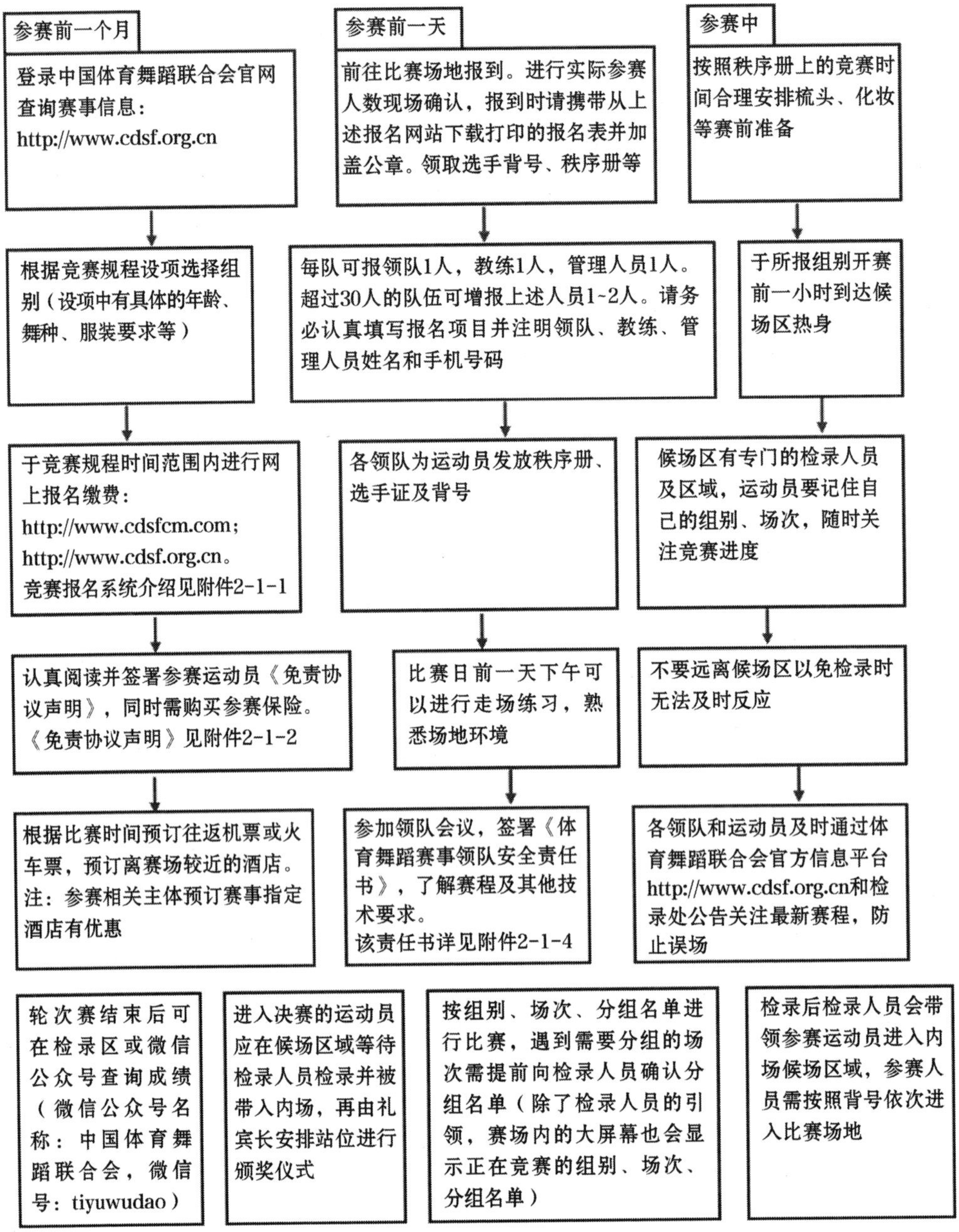

图 2-1 运动员参赛指引流程图

第一节　参赛运动员赛前准备

一、参赛运动员报名与缴费

参赛运动员可通过中国体育舞蹈联合会赛事报名系统官方网站 http://www.cdsfcm.com 或中国体舞 APP http://www.cdsfcm.com/phone.mjb 进行身份注册、赛事报名及缴费。

• 注意：运动员在报名时需认真阅读《中国体育舞蹈联合会参赛运动员〈免责协议声明〉》（附件 2-1-2）并选择同意确认，同时遵守《中国体育舞蹈联合会〈儿童及青少年参赛保护协议〉》（附件 2-1-3）。

二、参赛运动员报到与注册

主办方严格按照比赛规程上的报到时间和地址开展工作，并在报到处及附近安放指示牌和标志，给前来报到的人员提供方便。

报到场所应尽量安排在房间相对空旷和畅通的大厅内，办公流程应为流水线方式。

报到流程如下：

（1）各参赛队人员实到确认，审核运动员参赛资格，双方核对、确认参赛组别；

（2）缴纳运动员参赛报名费，领取收据或发票；

（3）领取运动员背号、秩序册、通行牌证以及纪念品等；

（4）知晓公示的赛前运动员走场练习和领队会时间、地点和其他事项，同时，各参赛代表队领队签署《中国体育舞蹈联合会〈体育舞蹈赛事领队安全责任书〉》（附件 2-1-4）；

（5）尽量在秩序册上公示比赛场馆区域示意图，如比赛场地通道、候场区、检录处、更衣室、洗手间、公告栏、小商店等。若遗漏，一定要在报到处公示。

附件 2-1-1　中国体育舞蹈联合会竞赛报名系统介绍

■ 系统简介

赛事报名系统支持单位、个人两种注册方式，注册一次终身有效，系统自动存储单位、运动员全部参赛信息，并支持积分成绩查询。

报名组别划分清晰，系统自动显示运动员编号、舞伴，并自动检索可报设项，报名方便、快捷、准确。代表单位和运动员均可通过网页、微信、手机 APP 三种方式注册、报名、查询成绩，实现赛事赛况数据信息的交换和共享，并开通报名费线上支付功能。

■ 网址：http://www.cdsfcm.com

■ 操作平台

客户端采用 Microsoft Internet Explorer 10、Firefox（火狐）、Chrome、360 浏览器 8.1 及 QQ 9.2.1 操作平台。

■ 登录系统（图 1）

图 1　中国体育舞蹈联合会竞赛报名系统登录、注册界面

1. 系统网址为：http://www.cdsfcm.com；

2. 参赛单位和个人注册后自动生成用户名和密码；

3. 点击“登录”，弹出登录窗口，输入用户名和密码即可。

第一部分 注 册

一、单位注册

1. 在地址栏输入 www.cdsfcm.com，进入首页，右上角点击“注册”，再点击“注册单位”，出现注册界面（图 2）；

2. 请填写真实有效的注册信息，点“提交”完成单位注册，记住用户名和密码，以备登录时输入。

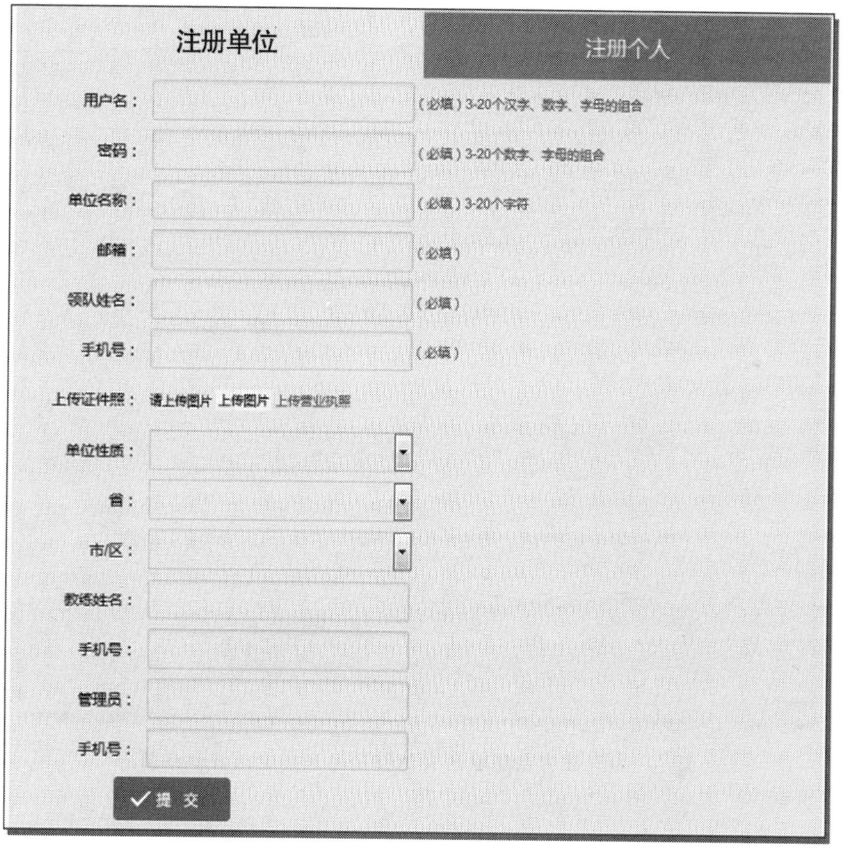

图 2 中国体育舞蹈联合会竞赛报名系统单位注册界面

二、个人注册

1. 在地址栏输入 www. cdsfcm. com 进入首页，右上角点击“注册”，再点击“注册个人”，出现个人注册界面（图 3）；

2. 按要求填写个人信息，点击“提交”，完成个人注册，登录初始密码是注册手机号末 6 位。

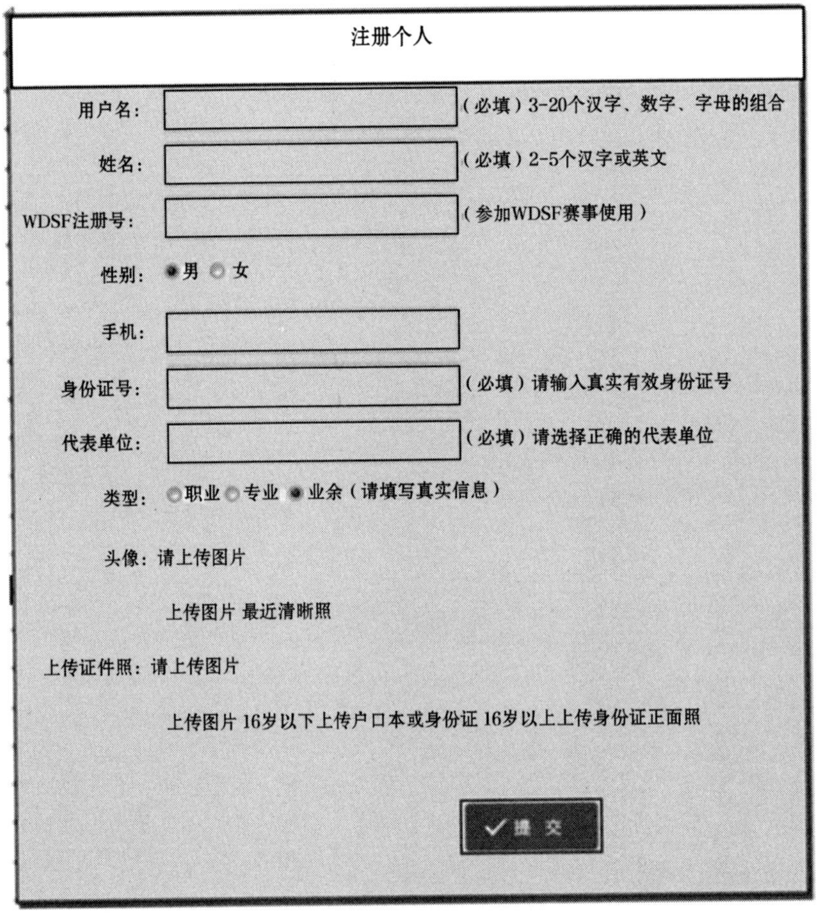

图 3 中国体育舞蹈联合会竞赛报名系统个人注册界面

■ 注册要点（图 4）

一、注册步骤

- 首先由单位负责人按要求填写信息完成单位注册，然后个人才能注册。请记住用户名和密码并在登录时输入
- 黄色字体为必填项

二、注册单位

- 单位用户名和密码分别由3~20个汉字、数字、字母组成，由注册单位负责人自行设置
- 填写真实有效的单位全称，上传所在单位有效营业执照
- 单位提交注册信息后，中国体育舞蹈联合会在后台审核该注册信息，未审核时“单位中心-基础资料”状态显示为“未审核”；审核通过则显示 “正常”；未通过则显示“审核未通过”，需按要求重新填写并提交

三、注册个人

- 个人用户名由3~20个汉字、数字、字母组成，注册时个人自行设置。登录初始密码是注册手机号末6位
- “代表单位”请在下拉列表中选择，如没有显示单位名称，请联系单位负责人为单位完成注册
- 请真实填写类型职业、专业或业余，三选一，报名职业组别需向中国体育舞蹈联合会职业委员会申请注册；按要求上传头像和证件照

图 4 中国体育舞蹈联合会竞赛报名系统注册要点

第二部分 报 名

一、中国体育舞蹈联合会竞赛报名系统操作流程

（一）报名须知

报名须知见图5。

请先核查单位信息，核对无误，点击“保存”	请选择并点击报名类型：单人、双人、6 人、12 人、其他	请双击输入框选择运动员编号、姓名，勾选可报设项，点击“保存”，报名成功
1	2	3

多人多项报名，需反复操作至全部报完，最后一次性点击“提交报名”完成报名，可点击“报名明细”查看报名明细表，“提交报名”后对所报设项不能再修改	若有增报、漏报等变动情况，每个单位只有 1 次申请开通 120 分钟“特殊报名通道”的机会，中国体育舞蹈联合会授权后系统会自动计时，超过 120 分钟便自动关闭。系统设定，特殊报名通道的参赛服务费每项自动加收 50%
4	5

提交报名后点击“报名明细”，可查看报名和参赛服务费明细表，并可导出 Excel 表格	报职业组别需向中国体育舞蹈联合会职业委员会申请注册	赛事报名只接受单位报名，不接受个人报名
6	7	8

图5 中国体育舞蹈联合会报名系统报名须知

（二）报名步骤

第一步：按要求填写信息后点击“保存”按钮，提示“请核查填写内容的完整性、准确性，保存确认”，点击“保存”，显示“报名成功！”；

第二步：点击“提交报名”按钮，提示“报名表提交后将不能修改，您确定

要提交吗?”，点击“提交报名”，显示“报名表提交成功!”；

第三步：报名明细显示所有报名设项，可导出 Excel 报名表，可选择线上或线下支付参赛服务费；

第四步：已提交的报名表不能再修改，如有特殊情况需点击“特殊报名通道”，提示“请先联系联合会获取授权”，中国体育舞蹈联合会授权后可获得 1 次 120 分钟的修改提交机会。

（三）单人报名

1. 请先登录单位账号，在导航栏“比赛”的“当前赛事”下点击“报名”；

2. 请先核查单位信息并“保存”，点击“单人”，双击输入框，系统自动显示已注册“单位运动员名单”，点击运动员编号，自动输入姓名，勾选可报设项后点击“保存”完成单人报名，操作步骤演示如下。

第一步（图 6）：

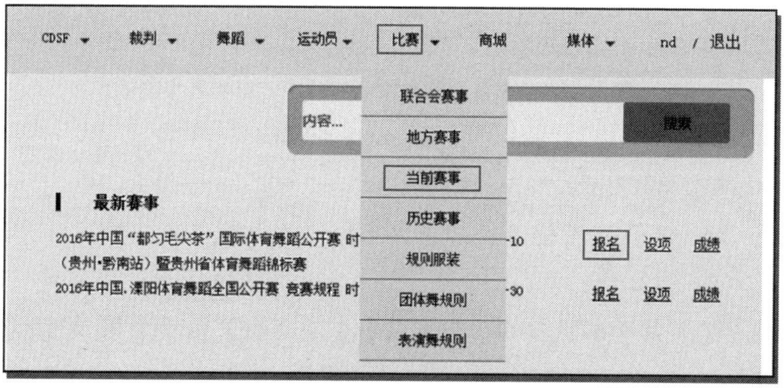

图 6 中国体育舞蹈联合会竞赛报名系统单人报名进入界面

第二步（图 7）：

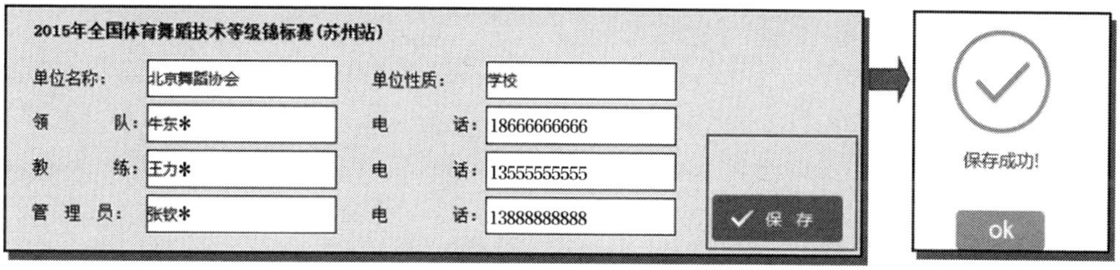

图 7 中国体育舞蹈联合会竞赛报名系统核查单位信息界面

第三步（图 8）：

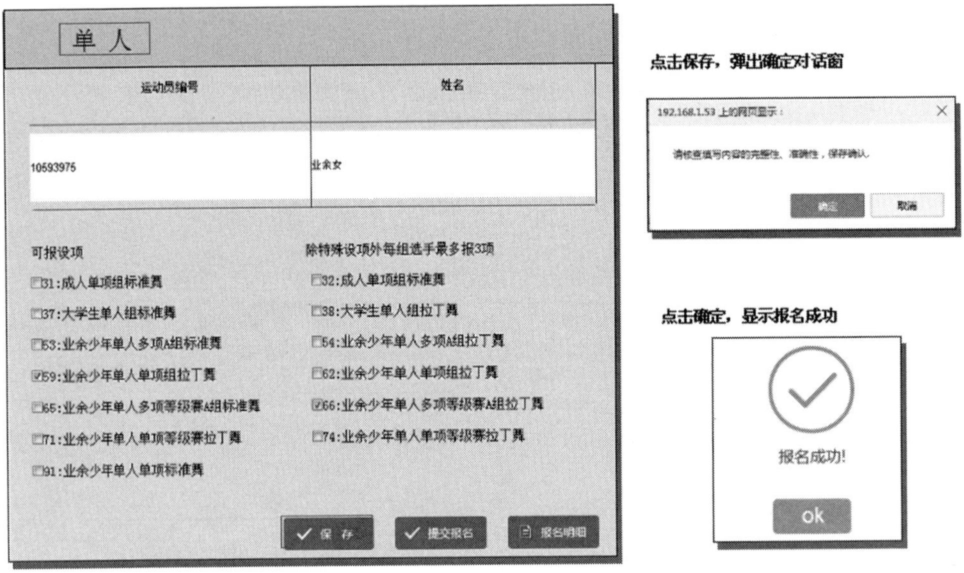

图 8　中国体育舞蹈联合会竞赛报名系统单人报名可报设项界面

（四）双人报名

1. 点击“双人”，双击输入框，在“单位运动员名单”选择运动员的编号和姓名；

2. 先点击男运动员的编号自动输入姓名，再点击女运动员编号输入姓名，勾选可报设项；

3. 检查双人报名信息和设项，确定无误后点击“保存”，完成双人报名；

4. 点击“报名明细”，可查看报名明细表，操作步骤演示如下：

第一步（图9）：

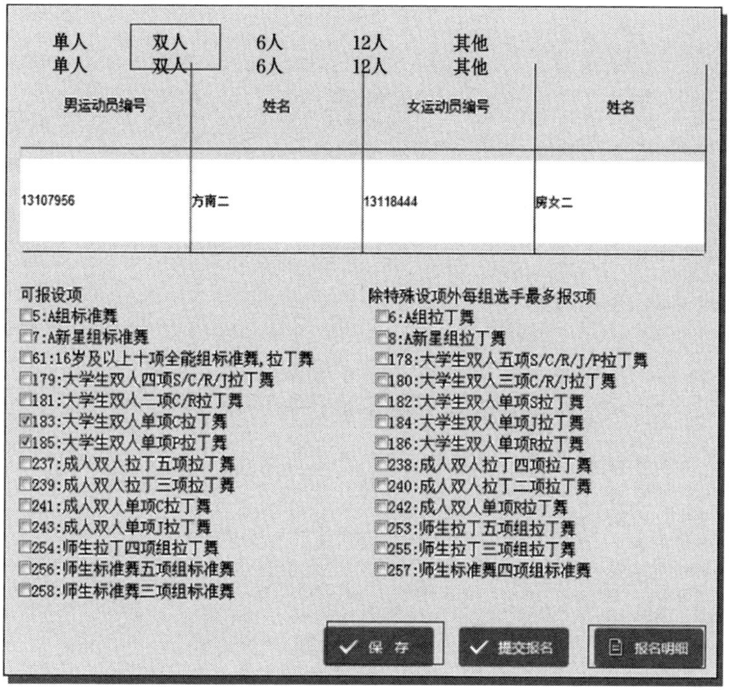

图9 中国体育舞蹈联合会竞赛报名系统双人报名可报设项界面

技巧：双击输入框显示单位运动员名单（图10）。

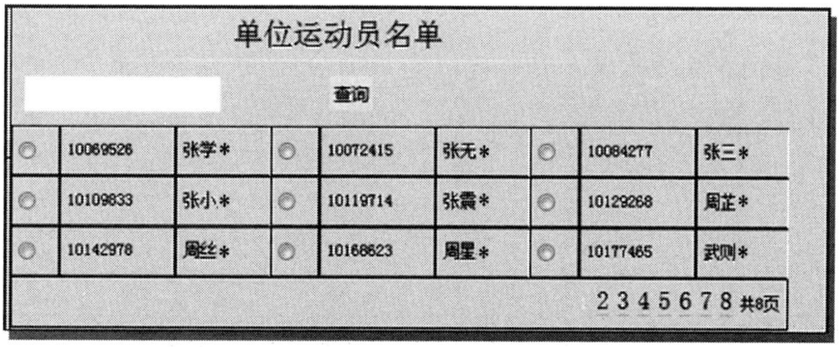

图10 中国体育舞蹈联合会竞赛报名系统单位运动员名单界面

第二步：点击“报名明细”，显示双人报名明细表（图 11）。

双人组

	男运动员编号	姓名	女运动员编号	姓名	设项	比赛类型	金额	支付状态
☐	10731415	王力*	10742638	林志*	壮年I组标准舞	名次赛	0.0	支付中
☐	10731415	王力*	10742638	林志*	大学生组标准舞	名次赛	0.0	支付中
☐	10731415	王力*	10742638	林志*	国际公开A组标准舞	名次赛	0.0	支付中

图 11　中国体育舞蹈联合会竞赛报名系统双人报名明细表界面

（五）6 人报名

1. 点击“6 人”，双击输入框，在“单位运动员名单”中选择运动员姓名；
2. 分别选择 6 名运动员的编号和姓名，完成后勾选可报设项；
3. 检查 6 人的报名信息和设项，确定无误后点击“保存”，完成 6 人报名；
4. 点击“报名明细”，可查看报名明细表，操作步骤演示如下。

第一步（图 12）：

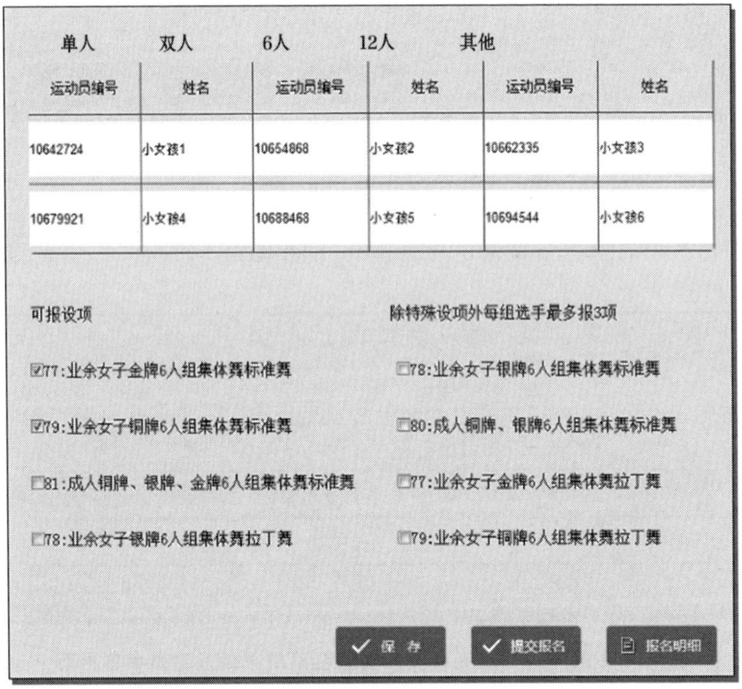

图 12　中国体育舞蹈联合会竞赛报名系统 6 人报名可报设项界面

第二步：点击“报名明细”，显示6人报名明细表（图13）。

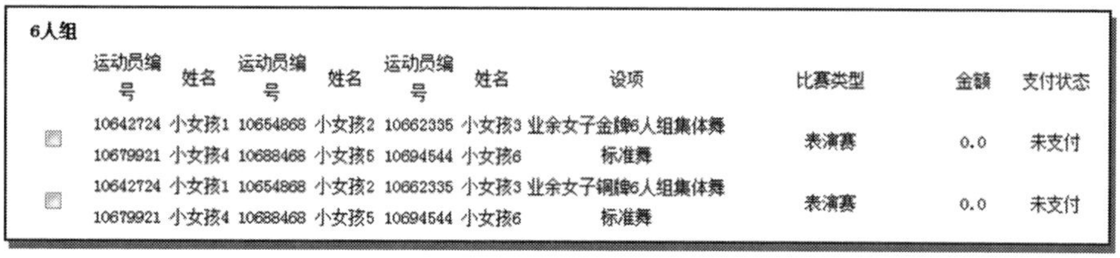

6人组

	运动员编号	姓名	运动员编号	姓名	运动员编号	姓名	设项	比赛类型	金额	支付状态
☐	10642724 10679921	小女孩1 小女孩4	10654868 10688468	小女孩2 小女孩5	10662335 10694544	小女孩3 小女孩6	业余女子金牌6人组集体舞标准舞	表演赛	0.0	未支付
☐	10642724 10679921	小女孩1 小女孩4	10654868 10688468	小女孩2 小女孩5	10662335 10694544	小女孩3 小女孩6	业余女子铜牌6人组集体舞标准舞	表演赛	0.0	未支付

图13　中国体育舞蹈联合会竞赛报名系统6人报名明细表界面

（六）12人报名

1. 点击“12人”，双击输入框，在“单位运动员名单”中选择运动员编号和姓名；
2. 分别选择12名运动员的编号和姓名，完成后勾选可报设项；
3. 检查12人的报名信息和设项，确定无误点击“保存”，完成12人报名；
4. 点击“报名明细”，可查看报名明细表，操作步骤演示如下。

第一步（图14）：

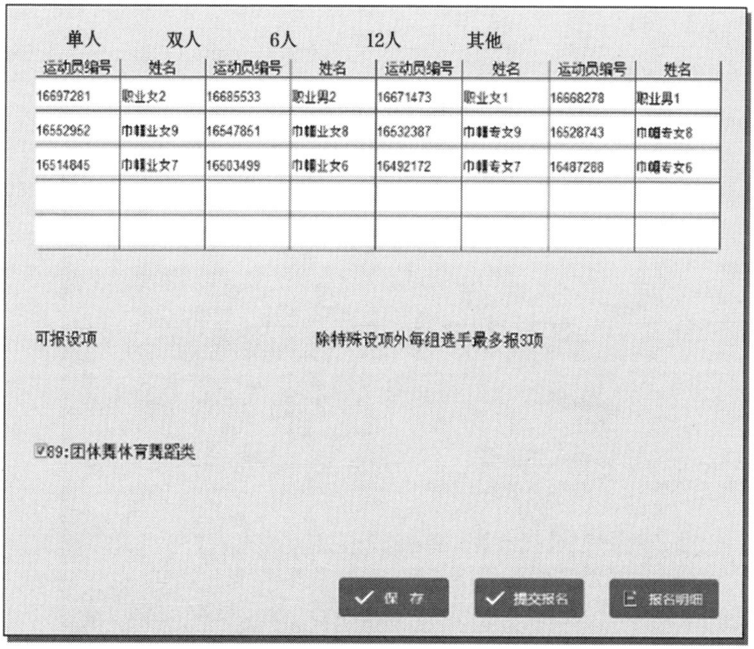

图14　中国体育舞蹈联合会竞赛报名系统12人报名可报设项界面

第二步：点击报名明细，显示12人报名明细表（图15）。

12人组

	运动员编号	姓名	运动员编号	姓名	运动员编号	姓名	运动员编号	姓名	设项	比赛类型	金额	支付状态
	10069526	张学＊	10072415	张无＊	10084277	张三＊	10109833	张小＊				
☐	10119714	张震＊	10129268	周芷＊	10142978	周丝＊	10168623	周星＊	团体舞体育舞蹈类	表演赛	0.0	支付中
	10177465	武则＊	10181965	周晓＊	10203816	苏妲＊	10742638	林志＊				
	10906353	专业女14	14512731	熊春华	14916445	业余女18	14929427	业余女19				

图15　中国体育舞蹈联合会竞赛报名系统6人报名明细表界面

（七）其他

1. 当参赛运动员是两名性别相同的选手，即都为“女”或“男”时，可选“其他”报名；

2. 点击“其他”，双击输入框，在“单位运动员名单”中选择运动员编号和姓名；

3. 选择两名运动员的编号和姓名，完成后勾选可报设项；

4. 检查两人的报名信息和设项，确定无误后点击“保存”，完成其他报名；

5. 点击“报名明细”，可查看报名明细表，操作步骤演示如下。

第一步（图16）：

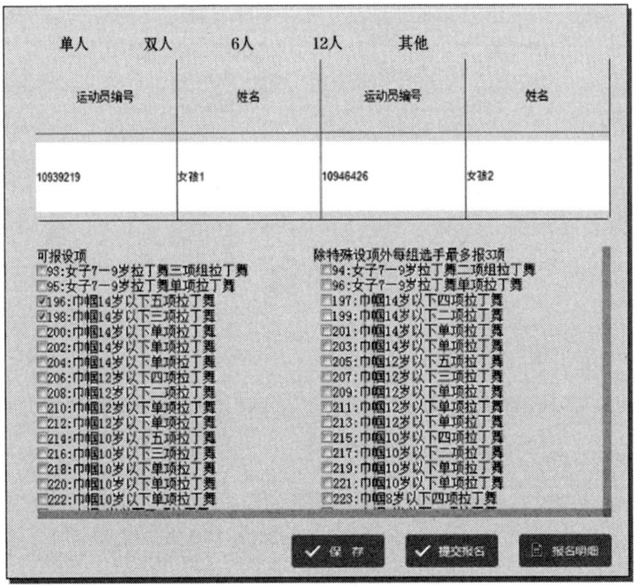

图16　中国体育舞蹈联合会竞赛报名系统其他报名可报设项界面

第二步：点击“报名明细”，显示其他报名明细表（图 17）。

☐	10939219	女孩1	10946426	女孩2	巾帼14岁以下五项拉丁舞	等级赛	200.0	未支付
☐	10939219	女孩1	10946426	女孩2	巾帼14岁以下三项拉丁舞	等级赛	200.0	未支付

图 17　中国体育舞蹈联合会竞赛报名系统其他报名明细表界面

二、中国体舞 APP 操作流程

1. 根据提示下载安装中国体舞 APP，有苹果和安卓两个版本，选手可以根据自己手机的系统下载安装。安装完成后，点击 APP 图标（图 18）打开 APP。

2. 进入 APP 首页（图 19），点击“当前赛事”或者滑动界面查找自己要参加的比赛，点击赛事名称进入，进入该赛事后（图 20），可以查看赛事规程、设项、通知及赛程表等相关资料。

图 2-20　中国体舞 APP 标志

图 19　中国体舞 APP 首页

图 20　中国体舞 APP 赛事详情界面

3. 点击报名，如果是初次使用，请先回到首页点击“我的”进行账号注册（注册时请先注册单位账户）。登录界面、新用户注册界面见图 21、图 22。

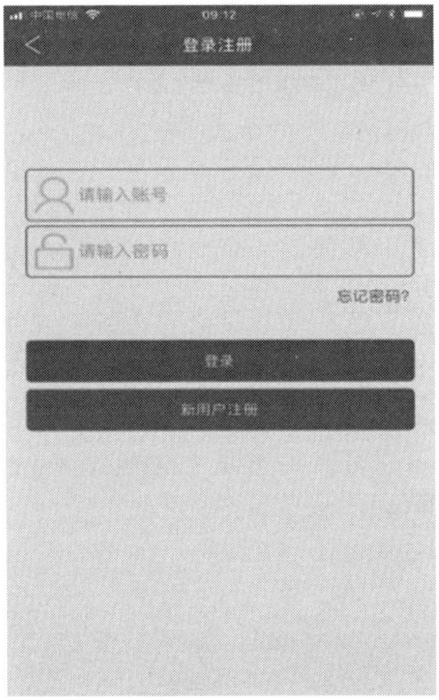

图 21　中国体舞 APP 登录界面

图 22　中国体舞 APP 新用户注册界面

4. 用注册好的账户登录后，找到对应的比赛点击“报名”进入报名页（图 23）。

图 23　中国体舞 APP 赛事报名单位信息界面

5. 在报名界面（图 24）可以选择报单人、双人、6 人和团体，点击下面显示的运动员名字，再点击“报名明细”，就可以选择对应的组别，如果没有运动员可以直接点击右上角的“添加”，来添加运动员。

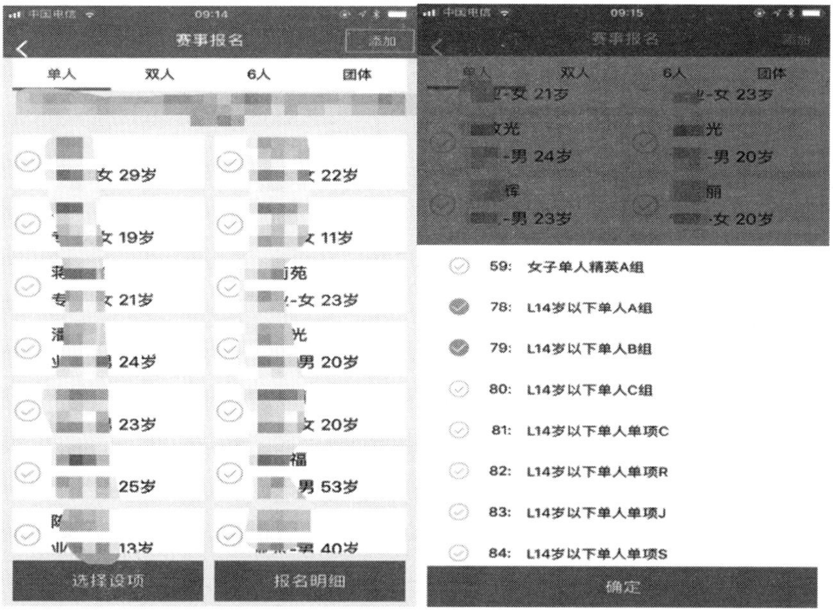

图 24　中国体舞 APP 赛事报名界面

6. 点击“报名明细”可以查看报名情况（图 25）。在提交之前可以删除，重新报名。

图 25　中国体舞 APP 查看报名界面

7. 报名信息填完后，点击最下面的“提交”，完成本次报名。

第三部分　参赛服务费

一、线上支付

1. 请点击“报名明细”，显示参赛服务费总额和报名设项服务费明细；

2. 点击“线上支付”，订单提交成功，选择“快捷方式”或“网银支付”的支付方式；

3. 确认并支付：如选择“支付宝”，点击“支付宝”，点击“扫一扫”扫码并支付。

二、线下支付

1. 请点击“报名明细”，显示参赛服务费总额和报名设项服务费明细；

2. 点击“线下支付”并确认，再到指定站点交现金或转账到指定账号。

3. 操作步骤演示（图 26）。

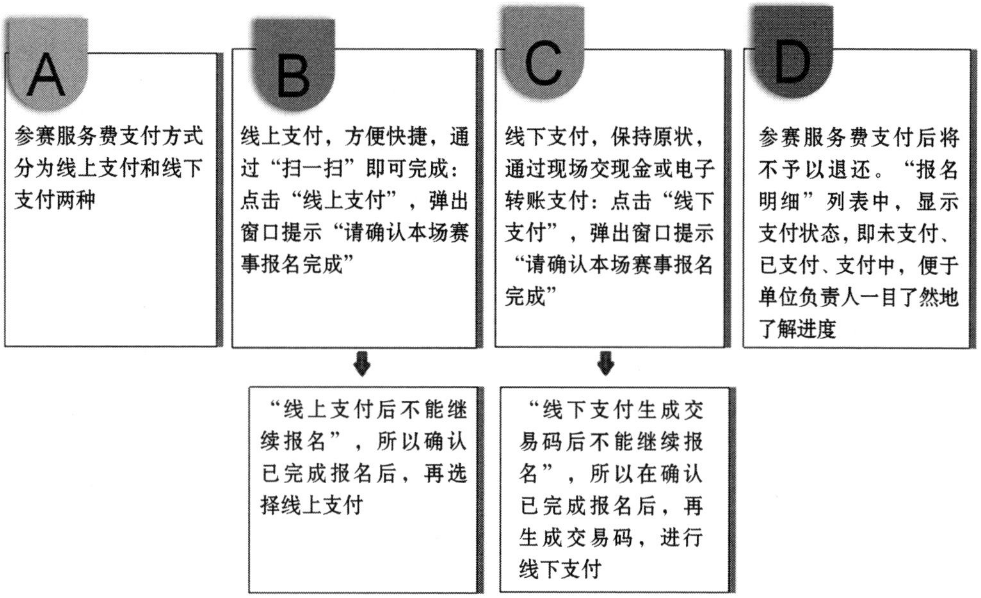

图 26　参赛服务费支付说明

第四部分　管理权限

一、单位中心功能

1. 单位中心——结构功能图（单位注册信息提交并审核通过显示“正常”）。单位中心基本信息界面见图 27。

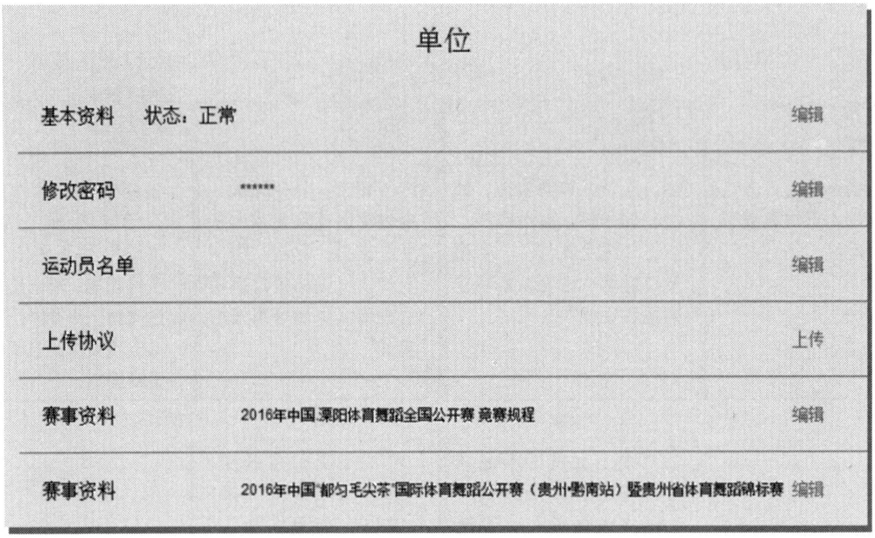

图 27　单位中心基本信息界面

2. 单位基本资料——可编辑或修改，“提交”后即完成（图 28）。

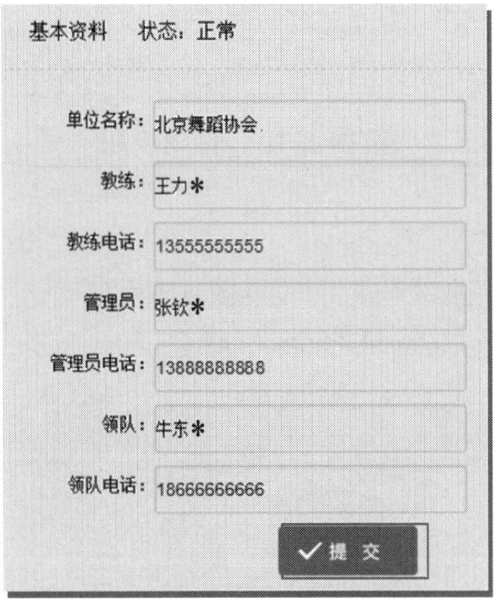

图 28　单位中心基本信息编辑界面

3. 修改密码——可修改单位密码（图 29）。

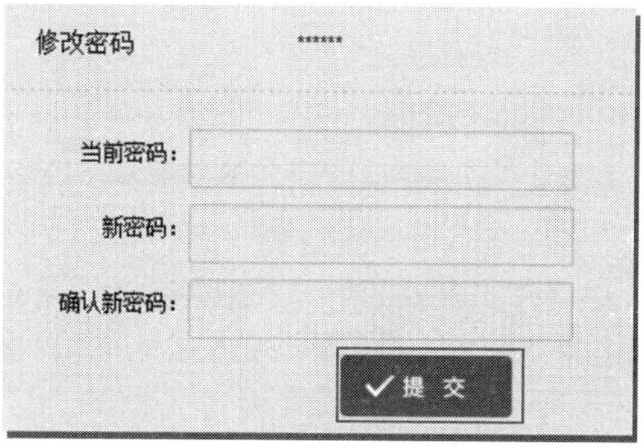

图 29 单位账号密码修改界面

4. 运动员名单——可直接打印、导出运动员名单，并可引入或移除（图 30）。

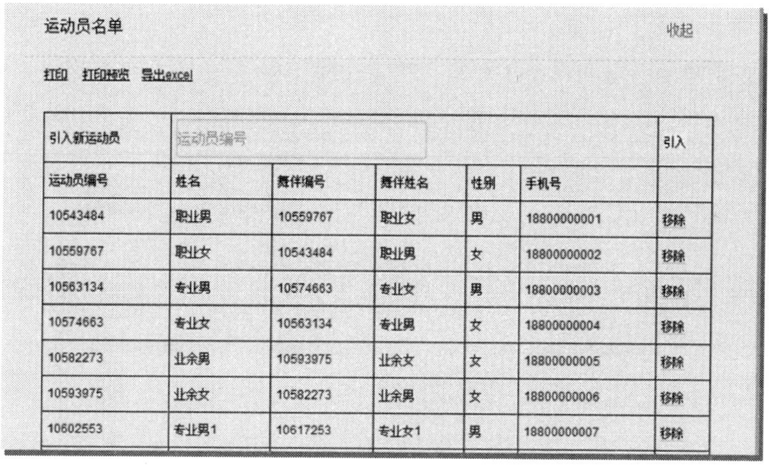
运动员名单 收起

打印 打印预览 导出excel

引入新运动员	运动员编号					引入
运动员编号	姓名	舞伴编号	舞伴姓名	性别	手机号	
10543484	职业男	10559767	职业女	男	18800000001	移除
10559767	职业女	10543484	职业男	女	18800000002	移除
10563134	专业男	10574663	专业女	男	18800000003	移除
10574663	专业女	10563134	专业男	女	18800000004	移除
10582273	业余男	10593975	业余女	女	18800000005	移除
10593975	业余女	10582273	业余男	女	18800000006	移除
10602553	专业男1	10617253	专业女1	男	18800000007	移除

图 30 单位运动员名单管理界面

运动员名单 6 大功能：

功能 1：输入运动员编号，直接引入新运动员信息；

功能 2：点击“移除”，可直接删除本单位的运动员信息；

功能 3：点击“运动员名单”，立即显示运动员编号、姓名、舞伴编号、舞伴姓名、性别、手机号；

功能 4：可直接打印运动员名单；

功能 5：运动员名单可“打印预览”；

功能 6：运动员名单可直接导出 Excel 表，进行编辑。

5. 上传协议——上传运动员与单位签署的协议（图 31）。

图 31　运动员与单位签署协议上传界面

6. 赛事资料——导出 Excel 表格，删除、显示参赛运动员各组别报名信息和设项等（图 32）。

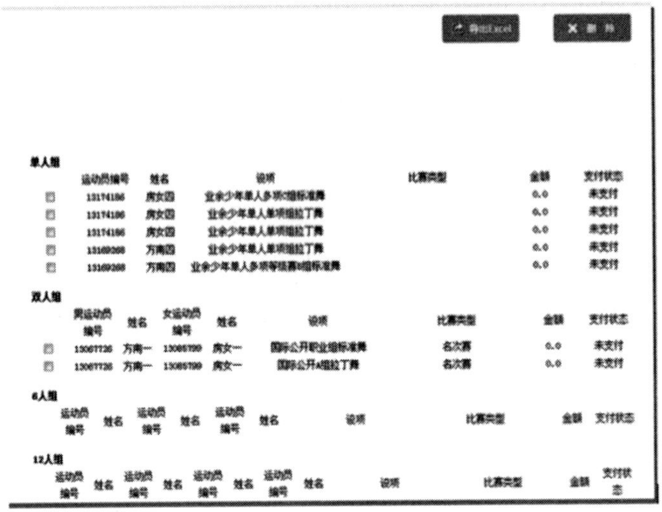

图 32　赛事资料导出界面

二、个人中心功能

1. 个人中心基本信息界面见图 33。

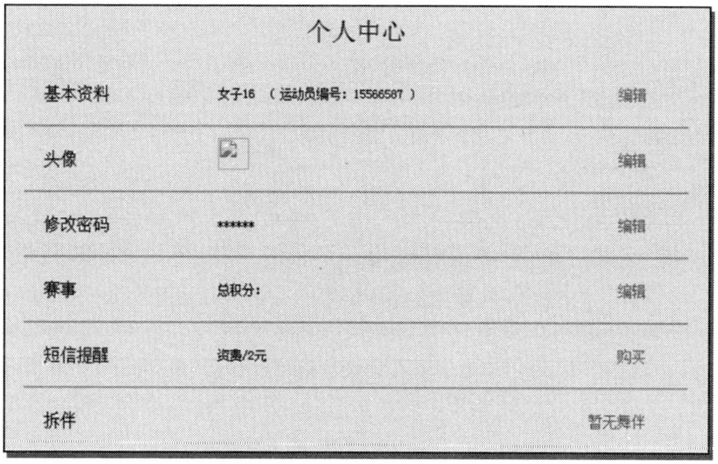

图 33 个人中心基本信息界面

2. 基本资料——突出显示用户名和编号，正常显示其他基本资料（图 34）。

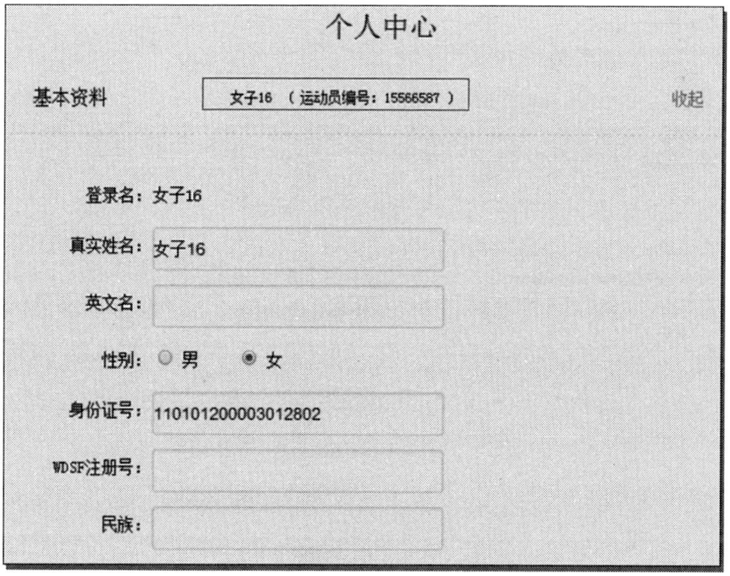

图 34 个人中心基本资料编辑界面

3. 修改密码——将默认密码修改为自主设定的密码（图 35）。

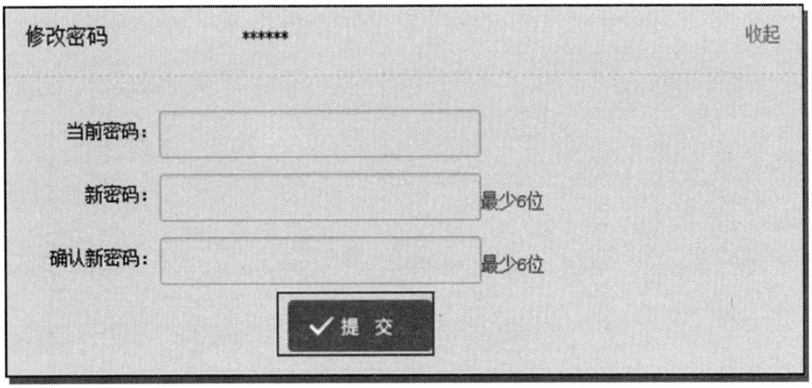

图 35　个人账号密码修改界面

4. 上传头像、赛事总积分、拆伴等信息（图 36）。

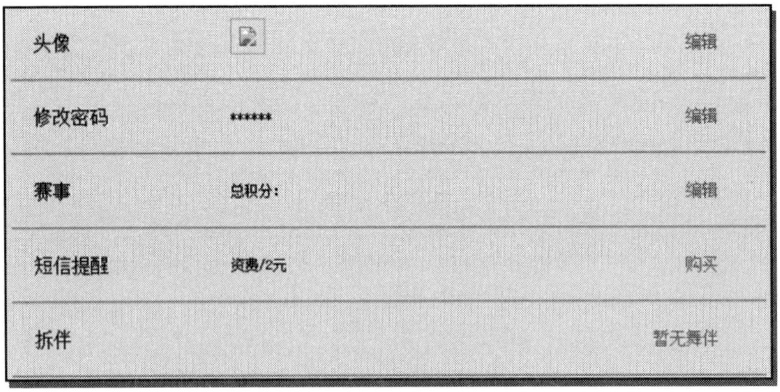

图 36　个人完善信息界面

附件 2-1-2 中国体育舞蹈联合会参赛运动员《免责协议声明》

1. 本人自愿报名参加中国体育舞蹈联合会的__________比赛（以下统称“比赛”）。

2. 本人全面理解并同意遵守组委会所制订的各项规程、规则、规定、要求及在比赛过程中绝对服从组委会及其工作人员所采取的一切措施。

3. 本人了解参加比赛需要具备相当的身体条件并为比赛进行了充分地训练，本人明确在参赛时，无任何造成自己受伤或者死亡的疾病、损伤或者其他身体残疾。本人证明自己在身体上和精神上都具备参加比赛的能力，并对比赛中可能出现的风险已经采取了适当的措施，向组委会承诺本人身体健康且并不存在下列任何疾病：

（1）先天性心脏病和风湿性心脏病；

（2）高血压和脑血管疾病；

（3）心肌炎和其他心脏病；

（4）冠状动脉疾病和严重心律不齐；

（5）血糖过高或过低；

（6）其他不适合参加体育舞蹈运动的疾病。

4. 本人保证比赛前不存在下列情况：

（1）怀孕；

（2）比赛前两周内患过感冒；

（3）比赛前疲劳过度；

（4）比赛前饮酒过度。

5. 本人全面理解参赛可能出现的风险，且已准备必要的防范措施，本人愿意承担比赛期间因自身身体状况而发生意外的风险，且同意主办方对于非主办方原因造成的任何伤害、死亡或其他任何形式的损失（包括但不限于因比赛过度劳累，脱水，中暑，猝死，心搏停止，自己跌倒及其他参赛者、观众或任何第三方造成的事故，法律上的不可抗力等引起的伤亡）不承担任何形式的法律赔偿或经济补偿责任。

6. 本人同意接受组委会在比赛期间提供的现场急救性质的医务治疗，本人同意接受组委会在力所能及的范围内所提供的医疗救治。

7. 本人同意向组委会提供有效的身份证件和资料用于核实本人的身份且保证其真实、合法、有效。

8. 本人已认真阅读且全面理解并完全同意以上声明书的内容，对组委会的免责事项完全知悉并完全同意，愿意按照声明书确定的内容承担相应的法律责任。

本人或该未成年人的法定代理人（未满18周岁需由法定代理人签署本声明）已认真阅读并全面理解中国体育舞蹈联合会参赛运动员《免责协议声明》，且对上述所有内容予以确认并承担相应的法律责任。

附件2-1-3 中国体育舞蹈联合会《儿童及青少年参赛保护协议》

依照我国未成年人保护的相关法律，在体育舞蹈比赛中，我们尊重儿童和青少年的身心健康发展权利，不接受任何形式的儿童暴力侵害，无论身体、心理，还是性的任何方式的侵害，有暴力行为的人都将被起诉。

14岁以下儿童必须在有法定监护人或拥有其抚养权的成年人陪同下参赛，此外，14岁以下儿童在有法定监护人或拥有其抚养权的成年人的陪同下，只可参加晚上10点前的比赛，16周岁以上的青少年可参加第二天0点前的比赛。

不得给儿童和青少年提供酒精饮料或烟草制品。此外，所有人一律不得在竞赛大厅等公开场合更换服装，如需更换服装，必须使用大赛提供的更衣室。

如果发现任何针对儿童或青少年的暴力行为，例如殴打或大声辱骂等，无论有暴力行为的人是教练、家长，还是其他参与者，我们都将行使权力，取消其参赛、观赛的权利，此条处罚也涵盖参加比赛的选手，必要情况下，凡直接或间接参与暴力行为的选手都将被禁止参加下一轮次的比赛。

附件 2-1-4 中国体育舞蹈联合会《体育舞蹈赛事领队安全责任书》（模板）

为了保证本次大赛有序顺利进行，加强安全保卫意识，防止各种意外事件的发生，创建一个文明、和谐的比赛环境，大赛组委会特制定以下相关纪律条款。请各单位的领队务必认真仔细阅读，并要求各领队及全体参赛队员严格执行。

1. 各参赛队在报到之前，应严格按照组委会的要求，务必自行办理好参赛队员的人身意外伤害险相关事宜。在________比赛期间，由于非组委会原因发生的意外事件及治安案件均由参赛队承担责任，谁领队谁负责。

2. 为确保生命财产安全，防止意外伤害，在赛场期间各领队须管理好自己的队伍，不准乱爬场内栏杆，乱动一切电气设施、设备（如电线、电源、插座等）。加强防火意识，严禁偷盗、打架斗殴的行为发生，不准在禁烟区吸烟，注意安全，服从大赛安排，遵守大赛规则。

3. 严禁选手在比赛中故意制造冲撞，影响其他选手正常发挥；情节严重者将由仲裁委员会给予相应处理，甚至取消比赛资格。

4. 比赛中发生任何问题都应由领队出面与组委会协调，领队要做好本队队员和家长的工作，避免发生任何安全责任事故和纠纷。

5. 爱护公共设施，讲究公共卫生，不乱丢烟头，在指定区域用餐；文明观赛。

以上条款各领队务必认真监督本队队员切实遵照执行，违者责任自负。安全责任书的签字者为第一责任人。本安全责任书经大赛组委会安全监督员、参赛单位领队签字后生效，并具有相关法律效力。

大赛组委会安全监督员：　　　　　　　　　　　　领队签名：

第二节　运动员参赛

一、运动员参赛流程

运动员参赛流程见图 2-2。

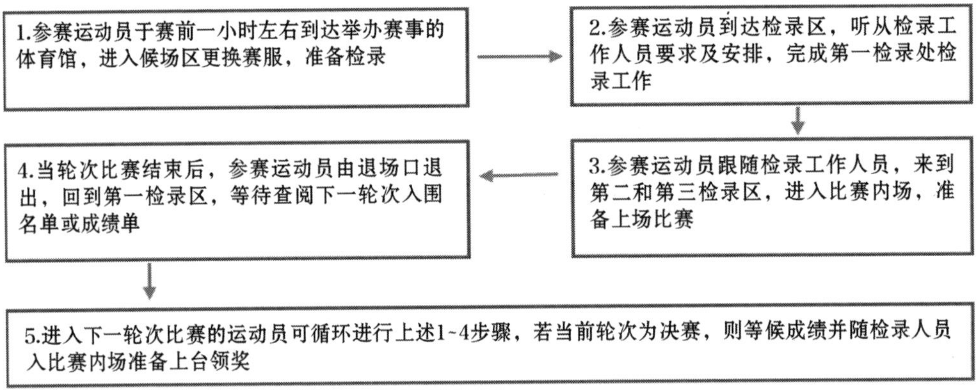

图 2-2　运动员参赛流程指引图

二、运动员参赛服装规定

中国体育舞蹈联合会自 2010 年开始，全面执行世界体育舞蹈联合会（以下简称 WDSF）比赛服装规定，因为 WDSF 更新了比赛服装规定，从 2017 年 7 月开始，中国体育舞蹈联合会按照最新版本执行。这标志着我国体育舞蹈项目与时俱进，推动该项目向成熟化、规范化迈进。根据 WDSF 年会决议和 WDSF 成员的部分竞赛条例，该服饰规定适用于 WDSF 所有冠名赛事，除非 WDSF 成员在 WDSF 非冠名赛事中，有基于自己国家或地区考虑而制订的额外的服装规定。WDSF 主席团保有执行通用的或特殊的着装限制的权利，以及对特殊赛事修订服装限制或允许豁免某些服装限制的权利（具体规则要求见附件 2-2-1）。

三、运动员参赛当日饮食建议

体育舞蹈比赛轮次多，赛事持续时间长，因此比赛当日的营养对运动员的竞赛表现至关重要：赛前，运动员体内应具有充足的糖原贮备以保证比赛中能量代谢系统的良好运作；比赛中应维持血糖水平，并补充足够的水分和电解质，以维持能量储备、防止脱水；比赛后需要及时补充，以恢复糖原储备，加速代谢产物的清除，促进蛋白质合成与肌肉恢复，加速身体机能的恢复。

赛前：当用餐时间与比赛开始时间的间隔较长时，应摄入足够的糖（碳水化合物）和优质蛋白质；当用餐时间与比赛开始时间接近时，应摄取较少量的食物与液体。赛前饮食建议见表 2-1。

表 2-1　赛前饮食建议

<table>
<tr><td rowspan="4">赛前</td><td>时间点</td><td>糖类摄入建议</td><td>蛋白质摄入建议</td><td>液体摄入建议</td></tr>
<tr><td>4 小时以上</td><td>高糖膳食——每千克体重 1~4 克糖。</td><td>每千克体重 0.15~0.25 克蛋白质。</td><td>每千克体重 5~7 毫升水或运动饮料。</td></tr>
<tr><td>2~4 小时</td><td>每千克体重 1 克糖。</td><td>—</td><td rowspan="2">每千克体重 3~5 毫升液体，分多次、小口摄取。</td></tr>
<tr><td>1~2 小时</td><td>每千克体重 0.5 克糖。</td><td>—</td></tr>
</table>

赛中：整体上比赛中的饮食遵循少量多次的原则，每 15~20 分钟补充 150~200 毫升水，每小时补充 40~75 克糖为宜。赛中饮食建议见表 2-2。

表 2-2 赛中饮食建议

<table>
<tr><td rowspan="3">赛中</td><td>时间点</td><td>建议</td><td>备注</td></tr>
<tr><td>每支舞之间（如有足够的休息时间）</td><td>小口少量摄取每升含 20~30 毫克钠与 2~5 毫克钾的运动饮料，糖类浓度为 5%~10%，5%~8%为理想浓度，过高浓度易引起胃部不适。</td><td rowspan="2">对摄入糖类高度敏感的运动员可在摄入含糖饮料后，用清水漱口。</td></tr>
<tr><td>每轮次比赛休息间歇</td><td>每小时摄取 30~90 克多糖或每 15~60 分钟摄取每千克体重 1.0~1.85 克糖类。</td></tr>
</table>

注：饮料温度在 10~15 摄氏度为宜，太低可能引起胃肠不适；比赛中远离可乐等碳酸饮料，运动后少喝浓茶、咖啡，因为其有利尿作用，不利于体液恢复。

赛后：赛后饮食建议见表 2-3。

表 2-3 赛后饮食建议

<table>
<tr><td rowspan="3">赛后</td><td>时间点</td><td>糖类摄入建议</td><td>蛋白质摄入建议</td><td>液体摄入建议</td><td>备注</td></tr>
<tr><td>30 分钟内</td><td>每千克体重 1.0~1.5 克糖。</td><td colspan="2">饮用含蛋白粉的糖类液体饮料有利于肌肉恢复，建议糖与蛋白质的比例为 3∶1。</td><td rowspan="2">赛后正餐注意摄入碳水化合物（薯类、谷类等）、蛋白质（鱼、虾、鸡胸等）、足量的蔬菜和适量的脂肪。</td></tr>
<tr><td>1~2 小时</td><td>每千克体重 1.0~1.5 克糖。</td><td>至少 20~30 克或每千克体重 1.6 克蛋白质；3 小时内至少摄入 10 克蛋白质。</td><td>补充水的计算公式为赛前体重［（千克）−赛后体重（千克）］×1500 毫升。</td></tr>
</table>

附件 2-2-1 中国体育舞蹈联合会体育舞蹈比赛服装规定（2019 版）

为规范中国体育舞蹈联合会（以下简称 CDSF）主办的各项赛事参赛选手的着装，促进体育舞蹈项目标准化、规范化、国际化发展，参照 WDSF 比赛服装规定并结合我国体育舞蹈项目的具体情况，制定本比赛服装规定。

一、通则

1. 女性选手应穿着短裙、连衣裙或长裤。不允许仅身着内裤、体操服，除非外配短裙。服装款式必须能与每个舞系（拉丁舞和标准舞）的风格特性相符合。标准舞中女士裙装最短需盖过双膝，如裙装为开衩款式，则开衩高度不得超过膝盖。拉丁舞中女士应身着由布料、流苏、羽毛、珠管或其他适宜材料制成的舞裙，服装允许开叉；当垂直站立时，前后裙摆均需完全覆盖内裤。

2. 服装必须遮盖舞者身体的私密部位（包括私密区域）。

3. 女士服装和化妆必须考虑选手的年龄和所参与的竞赛组别。

4. 要求16岁以下组、18岁以下组、35岁以上组男选手穿着西服外套或者西装背心配有领衬衣与领带。

5. 不允许佩戴具有宗教性标志和装饰的珠宝（不包括个性化的珠宝）。

6. 如果装饰物对舞者和其他选手构成危险，裁判长有权要求参赛者去掉装饰物或更换服装。

7. 允许舞者身着符合较低年龄段组别服装要求的服装。

8. 组委会有权终止未能遵守以上规则或不服从裁判长指示的选手的比赛，也有权授意计分员拒绝录入不遵守规则的选手的比分。

附加说明

任何看似在面料、颜色、款式或其他配置方面违背服装规定者，即使没有违反服装规定的文字措辞，只要裁判长裁定其违反了规则，就可被视为服装违规。

处罚

着装未遵守服装规定并受到一次裁判长警告者，需要按照规定整改，否则将面临取消比赛资格的处理。对反复出现违反服装规定的选手，组委会有权强制实行额外的处罚，包括终止其比赛并通报批评等。

图表中术语的定义

不限：表明在该项目上没有任何限制。

IA（身体私密区域）：身体部位，该区域必须被不透明面料或透明面料结合不透明材料来遮盖。如果选手服装使用肉色面料，必须附加装饰物覆盖。

规则

对于女性

不允许穿着丁字裤。不允许穿着肉色内裤。

必须覆盖胸部。胸衣的两个罩杯间距不得大于5厘米。

SA（服装区域范围的最小尺度）：必须要有覆盖物的身体区域，本区域可以使用任何颜色包括透明的面料覆盖。

基本面料：能鲜明显示形状的服装面料。

带有闪光效果的面料：包括金属光泽的、闪光的和带亮片的面料。

不带闪光效果的面料：一般性质的基础面料。

装饰：任何能附着在基本面料、头发和皮肤上的饰品。

有闪光效果的装饰：如水钻、亮钻、亮片、宝石、珍珠等可发光和闪光的物品。

没有闪光效果的装饰：如羽毛、花卉、发卡、条纹、蕾丝花边、色带等。

如领带夹、栓钮、袖扣、皮带扣等服装必需品不属于装饰品。

HL（臀线）：内裤顶端的最低程度。

水平直视，以看不见两臀肌之间的顶端（臀沟线）为准。

PL（裤线）：内裤底端的最高程度。

后观：应完全遮盖臀部。

前观：必须遮盖大腿与身体的弯曲处（腹股沟）。

图1为本规则所定应覆盖的最小面积。

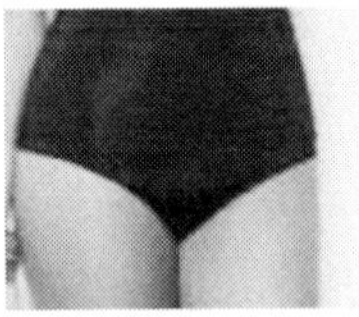

图1　CDSF体育舞蹈比赛服装应覆盖的最小面积示例

图2为本规则所不允许出现的情况。

图2　CDSF体育舞蹈比赛不合规服装示例

内裤顶线到底线的长度：从体侧看必须超过5厘米。

男士顶端开口（TOP）：指上装开口最大可到的位置。

男士裤子的顶端必须有开口，且开口必须在皮带扣或裤子顶线的正中间。

颜色：

黑色：指黑色或深蓝色。

肉色：相当于舞者的皮肤颜色（包括染色后的即时肤色）。

长袖：长至手腕，不允许卷起衣袖。

化妆：包括脸部化妆、人工棕油染的肤色、假指甲、假睫毛。

舞服装饰：指被设计成与服装一体的物品（如水钻、亮片等）。不包括个性化的饰品，如项链、戒指和手链等。

（附：CDSF特殊规定，WDSF壮年组或CDSF 35岁以上组拉丁舞女士服装不允许为上下身分体式，腰腹部必须完全遮盖。）

二、细则

细则见表1~表6。

表1 赛服

<table>
<tr><td rowspan="2">组别</td><td colspan="2">男士</td><td colspan="3">女士</td></tr>
<tr><td>标准舞</td><td>拉丁舞</td><td>标准舞</td><td colspan="2">拉丁舞</td></tr>
<tr><td rowspan="2">CDSF
12岁以下</td><td colspan="2">白色长袖衬衫或白色、全黑T恤领白上衣；仅允许黑色裤子；允许侧饰缎条；仅允许黑色领带或领结；仅允许黑色袜子。
</td><td>白色短衫紧身衣或T恤衫；仅允许黑色裙子。
</td><td>简单款式的连身裙装（除肉色以外的单一颜色）+女式内裤。
</td><td>紧身上衣和同颜色的相连接的裙子。
</td></tr>
<tr><td colspan="2">附加说明请参见附件1。</td><td colspan="3">附加说明请参见附件2。</td></tr>
</table>

续表

组别	男士		女士	
	标准舞	拉丁舞	标准舞	拉丁舞
CDSF 14 岁以下	白色长袖衬衫或白色、黑色 T 恤领长袖白上衣；仅允许黑色西服背心；仅允许黑色长裤；白色领结配翼领上衣或黑色领带配衬衣；仅允许黑色袜子。 	任何颜色上衣（下摆可塞入裤子或放在外部）上衣可开口至胸骨；除肉色以外的任何颜色长裤。 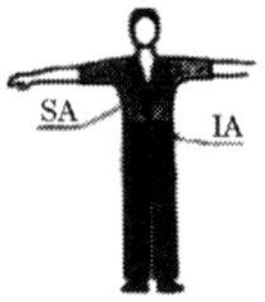 	14 岁以下：除肉色外任意颜色。 其他组别：任意颜色。  不允许穿分体舞服。	14 岁以下：除肉色外任意颜色。 其他组别：任意颜色。 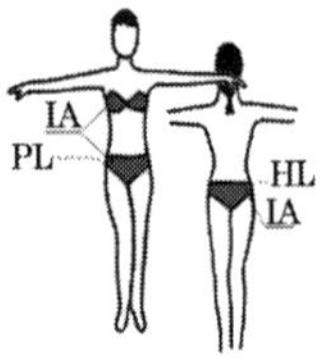 允许穿分体舞服，但上衣不能仅为比基尼款式。
CDSF 16 岁以下	黑色西服套装： 黑色长裤；黑色西服外套；白色衬衣配黑色领带或白色燕尾服衬衣配白色领结。 黑色燕尾服套装： 黑色长裤；黑色燕尾服外套；白色燕尾服衬衣配白色领结、白色腰封。 以上黑色部分均可用深蓝色代替。 	任何颜色上衣。除肉色以外的任何颜色长裤。 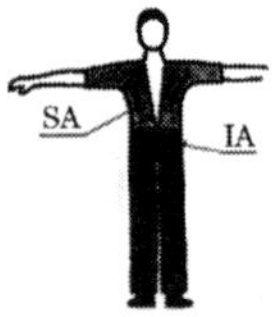 		

表 2　配饰、闪光效果

组别	男士		女士	
	标准舞	拉丁舞	标准舞	拉丁舞
CDSF 12 岁以下	不允许使用任何配饰。 不允许使用任何带有闪光效果的基础面料。		不允许化妆、戴假睫毛等； 不允许使用任何配饰（流苏、蕾丝等）； 不允许使用任何带有闪光效果、镂空的基础面料。	
CDSF 14 岁以下	无限制			
CDSF 16 岁以下	无限制			

表 3　鞋、袜、紧身袜

组别	男士		女士	
	标准舞	拉丁舞	标准舞	拉丁舞
CDSF 12 岁以下	鞋跟：高度不超过 2.5 厘米。 必须着黑色袜子。		鞋跟：方跟； 白色短袜均可； 紧身袜：仅允许穿肉色裤袜，不允许穿网眼袜。	
CDSF 14 岁以下	无限制			
CDSF 16 岁以下	无限制			

表 4　发型

组别	男士		女士	
	标准舞	拉丁舞	标准舞	拉丁舞
CDSF 12 岁以下	如果头发过长，必须束成马尾式。		不允许头上有装饰、假发（片）和带彩色的发喷。	
CDSF 14 岁以下	无限制			
CDSF 16 岁以下	无限制			

表 5　妆容

组别	男士		女士	
	标准舞	拉丁舞	标准舞	拉丁舞
CDSF 12 岁以下	不允许化妆			
CDSF 14 岁以下	无限制			
CDSF 16 岁以下	无限制			

表 6　舞服装饰

组别	男士		女士	
	标准舞	拉丁舞	标准舞	拉丁舞
CDSF 12 岁以下	不允许带装饰（流苏、闪光亮片、蕾丝等）			
CDSF 14 岁以下	无限制			
CDSF 16 岁以下	无限制			

附件 1：12 岁以下男士服装

(1) 上装：白色普通长袖衬衫或白色、黑色 T 恤领白上衣；不允许使用有闪光效果或有图案的面料；不允许穿硬翻领衬衣；不允许卷袖子；上装必须扎进裤子。示例见图 3。

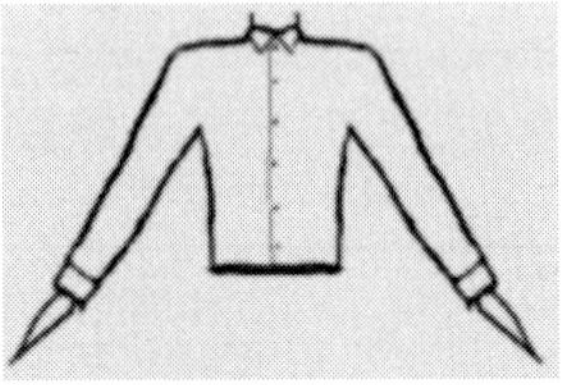

图 3　CDSF 12 岁以下男士比赛服装上装示例

(2) 下装：不允许使用有闪光效果或有图案的面料；允许侧饰缎条。

附件 2：12 岁以下女士服装

允许相同颜色不同面料的拼接。如使用透明面料，则必须镶有同种颜色的非透明面料。

允许使用褶皱。

(1) 领口款式：仅允许以下裁剪 (图 4)，其他款式均不允许。

图 4 CDSF 12 岁以下女士比赛服装领口款式示例

(2) 衣袖款式：仅允许以下裁剪 (图 5)，其他款式均不允许。

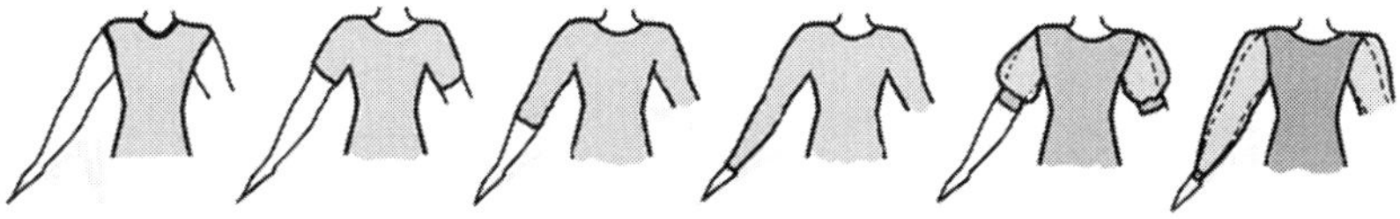

图 5 CDSF 12 岁以下女士比赛服装衣袖款式示例

(3) 裙子。

简单或者有褶皱的款式，仅允许最少一个最多三个半圆的裙边，允许穿一条简单的圆形衬裙，衬裙的尺寸不得大于舞裙。

裙子或衬裙的褶边装饰不允许使用骨线、软骨线或者钓鱼线。

裙子下摆不得高于膝盖以上 10 厘米，不得低于膝盖以下。

仅允许以下裁剪 (图 6)，其他款式均不允许。

图 6 CDSF 12 岁以下女士比赛服装裙子款式示例

允许以下新款式，如图7所示。

图7　CDSF 12岁以下女士比赛服装裙子新款式示例

图8为新增款式举例。

图8　CDSF 12岁以下女士服装新增款式示例

三、CDSF与WDSF组别年龄对照表

CDSF与WDSF组别年龄对照表见表7。

表7　CDSF与WDSF组别年龄对照表

WDSF级别	CDSF级别	年龄范围	服装规定	其他规定
	16岁以下组	15~16岁	无限制	
少年Ⅱ组		14~15岁	无限制	
	14岁以下组	13~14岁	无限制	
少年Ⅰ组		12~13岁	不许有闪亮装饰	
	12岁以下组	11~12岁	服装规定	白色卷边袜
少儿Ⅱ组		10~11岁	服装规定	白色卷边袜
	10岁以下组	10岁以下	服装规定	白色卷边袜
少儿Ⅰ组		9岁以下	服装规定	白色卷边袜

中国体育舞蹈联合会

2019年4月

第三节　参赛运动员行为要求

一、参赛运动员行为规范

（一）常规行为

体育舞蹈比赛使运动员在遵守奥林匹克运动精神的基础上获得极大的快乐体验，并且这样的比赛适合各个年龄段的人参加。

在现实生活当中，体育舞蹈运动员总能起到榜样作用。对每一位拥有中国体育舞蹈联合会参赛资格的运动员来说，在赛场上下都表现出绅士风度或淑女行为是非常有必要的。

体育舞蹈运动员在舞池内外的行为必须与运动精神一致，应遵守以下准则：

（1）在舞蹈展示中集中注意力充分表现自己的最佳状态；

（2）用优雅的肢体语言展示体育精神，比赛无论成败，运动员都能用自己的行动激励舞伴和竞争对手，这才是参赛的最终目的；

（3）严禁在比赛中使用违禁药物，遵守世界反兴奋剂机构（WADA）的规章制度，坚决支持公平竞争；

（4）爱护他人物品和公共财物；

（5）尊重他人，包括舞伴、竞争选手、观众、主办单位以及所有工作人员；

（6）严禁歧视行为；

（7）严禁对他人进行口头上、行为上的性骚扰或暴力侵犯；

（8）遵守中国体育舞蹈联合会的规章制度，服从中国体育舞蹈联合会主席团的决策，遵守中国体育舞蹈联合会的佣金、奖金设置制度；

（9）时刻注意自己是以本单位代表的身份，出现在中国体育舞蹈联合会举办的体育舞蹈比赛中；

（10）运动员必须以大方、得体的方式出现在任何与体育舞蹈有关的赛场、集会以及有公众人员（即其他运动员、观众和媒体）在场的场合中；

（11）所有的体育舞蹈社团成员——教练、学员、组织单位，都有义务鼓励其他成员做出高标准的行为并阻止恶劣行为的发生。

（二）运动员守则

体育舞蹈比赛运动员守则如下。

（1）名字不在中国体育舞蹈联合会官方赛程上的运动员，除非持有中国体育舞蹈联合会的书面批准，否则该运动员不得参加中国体育舞蹈联合会组织的体育舞蹈比赛和其他活动。所有不被记录在官方赛程上的事项都被称为“非官方活动”。

（2）要获得中国体育舞蹈联合会认同的资格必须同时满足以下条件：①主办方对非官方活动的规章负有最终责任，非官方活动不仅要在反兴奋剂规则上遵从《世界反兴奋剂条例》，而且要制定一个有效的反兴奋剂计划；②非官方活动不能干扰登记在中国体育舞蹈联合会官方竞赛日程表上的活动的组织和举办。

（3）所有决定的解释权归中国体育舞蹈联合会所有，中国体育舞蹈联合会无须公开其原因。为免生疑义，中国体育舞蹈联合会有权拒绝与《世界反兴奋剂条例》无关并有可能影响正常赛程的一切请求。假如请求未得到中国体育舞蹈联合会的答复，该请求视作被拒绝。

（4）中国体育舞蹈联合会有权在网站公布不符合上文（1）条件的事件——该类事件被称作“特别事件”。运动员在任何情况下都不得参与“特别事件”，同时中国体育舞蹈联合会有义务阻止运动员参与“特别事件”。

（5）任何运动员不得伪造自己的比赛资格。

（6）任何运动员不得使用不正当方式参与比赛。

（7）任何运动员不得在赛前、赛后以及比赛过程中，为影响比赛结果，通过肢体语言、表情、口述或书面表达威胁他人。

（8）任何运动员不得在任何比赛中通过不正当手段威胁或误导评委、运动员和其他人员。

（9）任何运动员不得公然反驳评委的评定决议，但可以通过正式得体的书面形式提交给相应管理机构处理。

（10）运动员必须参加其报名组别的比赛，只有在运动员提出正式书面申请的情况下才能参加其他组别比赛。

（11）运动员必须按时到达赛场进行检录。

（12）除在法律允许范围之内，任何运动员不得在赛前、赛后和比赛过程中对他人财产造成损失、获得非法收益或者对他人造成人身伤害。

（三）处　罚

违反运动员守则，将受到以下处罚：

（1）当运动员的行为被主席团根据相关准则判定为有过失时，他将受到以下一种或多种处罚：金钱赔偿（根据损坏或损毁物品的价值做金钱赔偿），被罚下场，暂停参赛资格，对多次违规或情节严重者处以终身停职（停赛）处罚。

（2）在一般情况下，主席团判定的最轻处罚是停职（停赛）3个月。

（3）在通常情况下，运动员第一次违规将被处以书面警告处分。情节严重者，主席团有权申请更高一级的主管部门对此进行判罚。例如，运动员未得到正式允许，私自参与非官方活动并造成严重后果。

（4）上述条例根据WDSF运动员行为规范和道德准则执行方法制定。

二、参赛运动员反兴奋剂相关规定

WDSF反兴奋剂章程规定，禁止使用兴奋剂。

中国体育舞蹈联合会认同世界反兴奋剂机构的反兴奋剂政策，遵守WDSF反兴奋剂章程中的条款，并根据《世界反兴奋剂条例》开展反兴奋剂工作。所有体育舞蹈比赛的参赛者，包括运动员、编排、裁判员和评判员都要遵守WDSF反兴奋剂章程及世界反兴奋剂机构的其他相关规章和政策。

（1）对兴奋剂控制及违规使用的管理（取消参赛资格、停赛）根据WDSF及世界反兴奋剂机构的反兴奋剂规则执行；

（2）中国体育舞蹈联合会有权处罚违规使用兴奋剂的运动员。

第四节　参赛运动员赛事积分

一、积分计算

运动员单场比赛积分=基础分值×级别系数×规模系数。

（一）基础分值

参赛运动员赛事积分基础分值见表2-4。

表2-4　参赛运动员赛事积分基础分值对照表

名次	基础分值	递减分值
1~6	500、460、420、380、340、300	依次递减40分
7~12	280、260、240、220、200、180	依次递减20分
13~24	175、170、165、160、155、150、145、140、135、130、125、120	依次递减5分
25~48	118、116、114、112、110、108、106、104、102、100、98、96、94、92、90、88、86、84、82、80、78、76、74、72	依次递减2分
49~96	50	本区域无分值差异
97及以后	40	本区域无分值差异

（二）级别系数

比赛的级别、组别及其对应的级别系数见表2-5。

表 2-5 参赛运动员赛事积分级别系数对照表

赛事级别	职业组	A 组	青年组	壮年Ⅰ组	少年Ⅱ组	少年Ⅰ组
1 级	2	2	2	2	2	2
2 级	1	1	1	1	1	1
3 级	0.5	0.5	0.5	0.5	0.5	0.5

（三）规模系数

赛事规模及其对应的规模系数见表 2-6。

表 2-6 参赛运动员赛事积分规模系数对照表

参赛运动员数量	规模系数
12 对及以下	0.8
13～24 对	0.9
25～48 对	1.0
49～96 对	1.2
97 对及以上（含）	1.5

举例：某对运动员获得 2018 年中国体育舞蹈联合会全国锦标赛拉丁舞 A 组冠军，本次参赛运动员总数为 127 对，其该站赛事的积分：$500\times2\times1.5=1500$。

（四）积分的累计

每对运动员的年度排名由中国体育舞蹈联合会依据年度赛事计划中该对运动员过去 12 个月内参加的所有赛事的积分总和确定。

（五）积分的取消

如运动员在任何赛事和轮次中无故退赛，则其在本场次比赛中已获得的相应分值将不予以累计；若有合理原因（如突然受伤并有三级甲等或三级甲等以上医院提供的证明）中途退赛，则其已经获得的相应分值仍予以累计。

（六）积分的中断

如注册运动员年度中途拆伴，并更换新舞伴参赛，则其与原有舞伴的积分将全部自动作废，与新的舞伴合作后将重新积分。

二、积分公布

（一）积分公布时间

运动员比赛积分的公布时间为：

(1) 一级、二级赛事：比赛结束一周内更新选手的最新积分排行榜；

(2) 三级赛事：比赛结束后一周内由地方协会报送成绩，中国体育舞蹈联合会审核后15天内更新选手的最新积分排行榜。

积分查询：中国体育舞蹈联合会官方信息平台 http://www.cdsf.org.cn/。

（二）积分排名方式

根据积分多少，依次从高到低排名。如出现积分相同的情况，则视为同名次，后续排位在同名次人数空出来后，顺次排列。

（三）积分排名奖励

与运动员比赛积分相对应的奖励为：

(1) 比赛免轮次。年度积分排名前6名的运动员为中国体育舞蹈联合会的星级运动员，可以免参加下一年度中国体育舞蹈联合会主办的全国性比赛对应赛级和对应组别的第一轮，但是必须要在每次参赛前一周予以确认是否参赛，以免干扰主办方对赛程的控制和安排。如超过期限未予以确认，星级运动员仍需按照要求参加第一轮的比赛。

(2) 媒体宣传。年度积分排名将在相关媒体上公布。

(3) 年度颁奖以及奖金分配。

- 注：本办法的最终解释权归中国体育舞蹈联合会所有。

第三章　中国体育舞蹈联合会赛事活动评估

本章提要

本章重点阐述了体育舞蹈赛事活动等级的评定制度、赛事评估及赛事信用等级评定，以此加强体育舞蹈赛事活动的管理。

关键术语

赛事分级、赛事评估、信用评定

第一节　赛事活动等级评定制度

一、赛事分级

（一）一级赛事

WDSF 在中国主办的国际赛事，如 WDSF 世界拉丁舞锦标赛、世界表演舞锦标赛。

（二）二级赛事

中国体育舞蹈联合会在中国主办的全国体育舞蹈赛事，包括中国体育舞蹈公开系列赛、全国体育舞蹈锦标赛等，如下所列：

××××年全国体育舞蹈锦标赛；

××××年全国青少年体育舞蹈锦标赛；

××××年中国体育舞蹈公开系列赛（××站）共 5 站；

××××年中国体育舞蹈公开系列赛总决赛。

（三）三级赛事

中国体育舞蹈联合会确认的各省市举办的允许冠“中国”字样的赛事。相应的组别成绩将列入中国体育舞蹈联合会年度竞赛积分系列。例如：

“××杯”2018 年中国体育舞蹈俱乐部联赛总决赛；

2016 年中国 · 杭州体育舞蹈全国公开赛；

2017 年中国 · 海南体育舞蹈全国公开赛。

（四）四级赛事

中国体育舞蹈联合会会员——各省市协会自己组织的体育舞蹈赛事。

二、赛事标准

体育舞蹈赛事的标准为：

（1）一级、二级赛事由中国体育舞蹈联合会主办，参赛运动员须是中国体育舞蹈联合会注册在籍选手；

（2）三级赛事须为中国体育舞蹈联合会确认的省级赛事，并符合中国体育舞蹈联合会的报名规定以及赛事申报程序；可被冠以“全国”字样的赛事；其规程和设项方案须符合中国体育舞蹈联合会的相关规定，且报名通道唯一。

第二节　赛事评估

一、赛事调研报告

体育舞蹈赛事调研报告包含以下九个方面的内容：

（1）赛事名称、举办时间、举办地点、主办单位、承办单位；

（2）赛事种类（国际级、国家级、省级、市级）；

（3）人数规模、入场费、赞助与广告；

（4）体育用品消费、场馆租赁；

（5）餐饮、住宿、交通的消费以及其他消费；

（6）赛前、赛中、赛后的宣传；

（7）业内影响；

（8）社会影响；

（9）今后的发展与前景等。

二、赛后评估指标

（一）体育舞蹈赛事评估评价维度及指标

体育舞蹈赛事评估评价维度及指标见表 3-1。

表 3-1 体育舞蹈赛事评价表

评价维度	评价指标	评分				
		1	2	3	4	5
赛事资源环境评估	1. 赛事举办地的综合条件（自然、经济等）					
	2. 政府支持力度					
	3. 冠名企业					
	4. 举办赛事的资金情况					
	5. 赛事举办地承办团队的构成及其工作能力					
	6. 赛事场馆资源					
	7. 赛事安保治安条件					
赛事竞技水平评估	1. 参赛代表单位的广泛性					
	2. 赛事规模					
	3. 高水平选手的参与率					
	4. 专业组别选手的参与率					
	5. 裁判员选调规模和水平					
	6. 裁判员管理和使用情况					
	7. 赛事项目设置的规范性					
赛事组织水平评估	1. 赛场环境与清洁卫生					
	2. 赛场功能区划分的合理性					
	3. 场地保障力度					
	4. 突发情况的应对处理					
	5. 竞赛表格的标准规范					
	6. 开幕式、礼仪、颁奖流程的规范度					
	7. 工作人员形象、服务态度及能力素质					
	8. 竞赛过程的组织情况					
	9. 赛事医疗保障					
	10. 观众上座率					

续表

评价维度	评价指标	评分				
		1	2	3	4	5
赛事组织水平评估	11. 赛事媒体组织					
	12. 志愿者工作效率					
赛事影响评估	1. 赛事经济效益（投资回报率、投入与产出等）					
	2. 赛事社会效益（当地居民参与率）					
	3. 媒体关注度及报道率					
	4. 整体赛事提升度					

（二）赛事经济效益评估

1. 体育舞蹈比赛经济收益评价

体育舞蹈比赛经济收益评价见表 3-2。

表 3-2 体育舞蹈比赛经济收益评价调查表

一级指标	二级指标	三级指标	收益很低	收益低	收益一般	收益高	收益很高
直接经济收益	赛事产品收益	赛事门票收入					
		电视转播权收入					
	赛事附加收益	赛事赞助招商收入					
		赛事广告收入					
		特许经营权收入					
		拍卖冠名权收入					
		比赛开幕式文体表演门票收入					

续表

一级指标	二级指标	三级指标	收益很低	收益低	收益一般	收益高	收益很高
直接经济收益	赛事附加收益	赛场空地的出租收入					
		财产出售收入					
		体育彩票收入					
	赠予补贴收益	政府补贴收入					
		社会捐赠收入					
	赛事衍生收益	纪念币收入					
		纪念邮票收入					
		书刊发行收入					
		音像发行收入					
间接经济收益	装备设备收益	赛事场馆建设收入					
		改造和配套设备收入					
		赛事器材设备销售收入					
		比赛服装销售收入					
		比赛用品销售收入					
	后勤服务收益	赛事通讯业收入					
		赛事餐饮业收入					
		赛事住宿业收入					
		赛事零售业收入					
		休闲娱乐业收入					
		城市交通建设收入					
	旅游会展收益	交通运输业收入					
		赛事旅游业收入					
		赛事会展业收入					
	咨询保险收益	信息咨询业收入					
		金融保险业收入					

续表

一级指标	二级指标	三级指标	收益很低	收益低	收益一般	收益高	收益很高
潜在经济收益	赛事品牌收益	赛事项目的发展促进					
		赛事经济价值提高					
		赛事知名度提升					
	体育舞蹈消费市场发展	体育舞蹈培训市场发展					
		增加城市的体育舞蹈人口					
		体育舞蹈相关行业发展					
		体育舞蹈相关销售额增加					
	赞助商收益	赞助商产品形象的强化					
		赞助商产品销售额的增加					
	举办城市收益	提高赛事经营管理水平					
		丰富举办城市的体育文化					
		举办城市体育产业的发展					
		城市知名度提升					
		扩大就业					
		扩大需求					
		吸引投资					

2. 体育舞蹈赛事相关经济数据统计

体育舞蹈赛事相关经济数据统计见表 3-3。

表 3-3　体育舞蹈赛事相关经济数据统计表

举办时间、地点	主办单位	承办单位	总投资情况（万元）	规模人数	经济效益（万元）									拟申请补助（万元）	备注
					门票收入	赞助与广告	舞蹈用品消费	场馆租赁	餐饮	住宿	交通	报名费用	合计		

主要评价内容包括：

（1）赛事对举办城市相关行业消费的拉动；

（2）赛事对体育舞蹈行业消费的拉动；

（3）赛事对旅游消费的直接拉动。

3. 赛事社会效益评估

体育舞蹈赛事的社会效益评估内容为：

（1）赛事现场观众人次统计；

（2）现场观众的基本特征；

（3）现场观众和举办地市民对体育舞蹈促进全民健身的认可度；

（4）现场观众和举办地市民对赛事促进体育舞蹈运动发展的认可度。

4. 媒体关注度及报道率

体育舞蹈赛事媒体关注度及报道率（媒体社会价值的评估）统计表见表 3-4。

表 3-4　体育舞蹈赛事媒体关注度及报道率统计表

序号	媒体类型		报道内容和规模	价值		备注
1	电视媒体	电视新闻				
		电视转播				
		电视广告				

续表

序号	媒体类型		报道内容和规模	价值		备注
2	网络媒体	网络图文				
		网络视频				
		网络广告				
		自媒体				
		网络外媒				
3	户外媒体	LED				
		商务楼宇				
		其他				
4	平面媒体					
5	现场广告					
6	电台媒体					
7	宣传活动					
8	印刷品					
合计						

5. 赛事品牌提升度

体育舞蹈赛事品牌价值的提升，有赖于：

（1）体育舞蹈赛事的媒体社会价值；

（2）体育舞蹈赛事的市民认知价值；

（3）赛事品牌的质量。

第三节 赛事活动信用管理规定

《国务院关于印发社会信用体系建设规划纲要（2014—2020年）的通知》提出未来若干年社会信用体系建设的总体规划，涉及各个重点领域的各个行业。在全面推进社会诚信建设方面，谈到文化、体育、旅游等领域的信用建设。其中，体育行业要求制定职业体育从业人员诚信从业准则，建立职业体育从业人员、职业体育俱乐部和中介企业信用等级的第三方评估制度，推进相关信用信息记录、信用评级在参加或举办职业体育赛事、职业体育准入、转会等方面的应用。2017年9月，制定了《国家体育总局推进社会信用体系建设工作方案》。方案中提到体育行业中存在的一些违背诚信、公平原则的行为，如阴阳合同、虚报年龄、使用违禁药物等。这些行为破坏了体育秩序，损害了体育的社会形象，对体育事业发展带来了不利影响。国家体育总局领导表示，要从诚信教育、信用系统建设和应用、制度、奖惩等方面筑起篱笆，防止和杜绝违背诚信的不良行为。2018年4月，国家体育总局制定了《关于进一步加强体育赛事活动监督管理的意见》，《意见》中要求：各运动项目管理中心和全国性单项体育协会应当制定本项目赛事活动信用管理规定，建立各类体育赛事活动主体的信用记录，充分运用信用激励和约束手段，加大对体育赛事活动诚信主体的激励力度和严重失信主体的惩罚力度。

体育舞蹈作为我国开展的第74个体育项目，有着积极广泛的参与人群和极为丰富的赛事体系。为贯彻落实国家层面和体育层面的相关政策要求，有必要通过制定相应的规定和评估措施来加强对体育舞蹈赛事活动的信用管理。

一、体育舞蹈赛事信用体系运行的标准和原则

体育舞蹈赛事信用建设是促进体育舞蹈运动项目良性推广与发展的保障，也是中国体育舞蹈联合会取信于体育舞蹈从业者和广大爱好者的必要诉求。

实现体育舞蹈赛事信用建设的目标应该从体育舞蹈联合会以及各省市体育舞蹈社团组织的依法、依章、公开、透明办事开始，提高整个行业的社会公信度；在执行体育舞蹈赛事过程中做好利益关联方的信用管理工作。

体育舞蹈赛事信用建设的基本原则为诚实守信原则、依法依章办事原则和信息公开原则。

体育舞蹈赛事信用建设，以有利于体育舞蹈项目的良性发展、有利于体育舞蹈社团组织的“服务型”特征、有利于体育舞蹈事业的公共决策“阳光化”为标准。

二、体育舞蹈赛事信用体系的构成、管理与评估

体育舞蹈赛事信用体系由赛事的各个相关利益主体的各个信用层面构成。各个主体的信用评估要先依从对该主体责任和义务的限定以及规章制度的建立，结合实际赛事运行中所出现的问题进行比对，最后采取相应的奖惩措施来完成整个过程的信用评估。其运行机制、标准需求以及措施与执行均是保障体育舞蹈赛事信用体系正常运转的必要环节。在这个过程中，要做到统计真实数据，做到风险可控，办事程序透明，接受公众监督和检查。

（一）体育舞蹈赛事相关利益主体构成

体育舞蹈赛事相关利益主体构成见图 3-1。

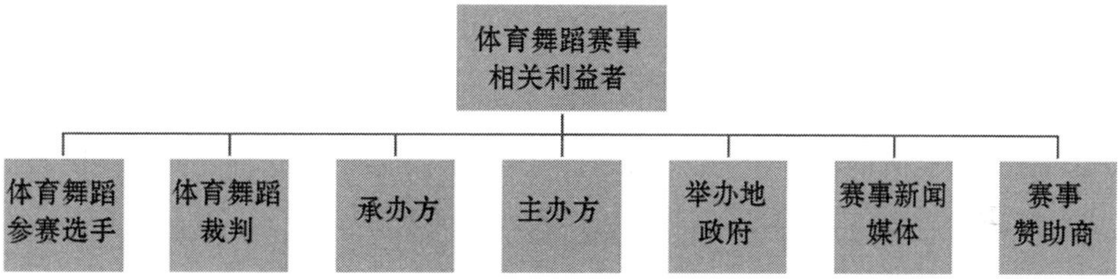

图 3-1　体育舞蹈赛事相关利益主体构成图

（二）体育舞蹈赛事信用管理的流程

1. 信用信息公开措施

（1）有关赛事信用主体的信用问题将会在中国体育舞蹈联合会相关委员会备案。

（2）有关赛事信用主体的信用问题将会依据国家体育总局的相关要求进行上报。

2. 信用评定工作措施

（1）对于社会组织，接受相关社会组织信用评估第三方机构的一般信用评定报告。

（2）中国体育舞蹈联合会在赛事信用运行管理上的机构主要是赛事组委会、仲裁委员会以及纪律委员会。

（3）依据体育舞蹈赛事相关利益主体的问题来进行定性与定量信用评估与记录。

3. 信用惩戒和褒扬

（1）依据中国体育舞蹈联合会的相关要求做出赛事方面的奖惩，如禁赛、停赛，以及警告处分等。

（2）对相关社会组织的信用褒奖将依据赛事评级来进行，包括再次申报比赛的优先权等。

（三）体育舞蹈赛事相关主体信用问题

1. 参赛运动员信用问题

体育舞蹈运动员参赛信用记录的评价主要是参照体育舞蹈运动员行为规范和职业体育运动员的相关管理规定，结合体育舞蹈赛事实际发生的运动员诚信问题，以及国际体育舞蹈组织对该项目运动员的相关要求来进行的。

参赛运动员信用问题包括：

（1）参赛前所出现的信用问题。如虚报年龄，虚报组别，虚报代表单位，为获取参赛资格填报虚假资料，报名后不请假、无任何正当理由不参赛，恶意诋毁对手，违反反兴奋剂条例。

（2）参赛中所出现的信用问题。如故意冲撞同场竞技选手，故意阻挡同场竞技选手比赛，故意做危险动作伤害到同场竞技选手。

（3）参赛后所出现的信用问题。如拒绝领奖，公开抨击裁判，故意毁坏公物。

（4）整个过程中所出现的信用问题。如举止行为不当，有损体育舞蹈项目荣誉和形象。

2. 裁判有违诚信的行为

裁判员有违诚信的行为如下：

（1）利用执裁权谋取个人私利；

（2）举止行为不当，有损体育舞蹈项目荣誉和形象；

（3）恶意攻击同行；

（4）提供虚假的资质参与执裁；

（5）贿赂同行裁判；

（6）包庇同行裁判的不良行为。

3. 赛事新闻媒体有违诚信的行为

新闻媒体有违诚信的行为如下：

（1）虚假报道，有损体育舞蹈项目荣誉和形象；

（2）为利益寻租，报道有失公正；

（3）签约媒体未能按照工作要求完成赛事报道任务；

（4）未经赛事主办方、承办方或者参赛主体同意，滥用肖像权进行商业开发；

（5）公开抨击中国体育舞蹈联合会、参赛运动员或裁判。

4. 承办方的信用评价

承办方赛前评估参考指标见表 3-5。

表 3-5　承办方赛前评估参考指标

一级指标	二级指标	三级指标
企业基本情况	经营状况	经营规模
		业务稳定性
	管理状况	管理制度建设和实施
		高级管理人员素质
	财务状况	资产运营状况
		财务效益状况
		资金信用状况

续表

一级指标	二级指标	三级指标
业务状况	办赛状况	赛事承办数量
		曾承办过的最高级别的赛事
	合作状况	曾合作过的商务开发伙伴
		曾合作过的赛事推广伙伴
信用信息记录	企业信用记录	资质信用情况
		被中国联合征信系统和省市企业联合征信系统记录的信用行为情况
		违法违规记录
	招投标信用记录	招投标违法记录
		项目合同履约率

承办方在赛事组织方面有违诚信的行为如下：

(1) 未能按要求在赛事中提供场地保障；

(2) 资金因各种理由未能及时到位；

(3) 因自身利益关系干涉和操纵比赛；

(4) 因措施未到位导致出现赛事中人员伤害事故；

(5) 因措施未到位导致出现造成不良影响的事件；

(6) 出现对突发情况处理不当的情况；

(7) 向主办方刻意隐瞒有风险或违规的办赛要素。

5. 主办方（中国体育舞蹈联合会）的信用评价

赛事主办方的信用评价包括：

(1) 依章办赛能力（规章制度的建设）；

(2) 事务公开程度和透明度（招投标问题）；

(3) 用人方面（裁判选调）。

6. 举办地相关政府的信用评价

参照国家民政部对社会团体评价的第三方信用评估以及当场比赛的表现进行评价。

（四）失信主体惩戒措施

若出现前述失信行为，将按照《体育市场黑名单管理办法》（见附件 3-3-1）执行。

附件 3-3-1 国家体育总局关于印发《体育市场黑名单管理办法》的通知

各省、自治区、直辖市、计划单列市、新疆生产建设兵团体育局，中央军委训练管理部军事体育训练中心，各厅、司、局，有关直属单位，中国足球协会、中国篮球协会，各改革试点项目协会：

为进一步规范体育市场秩序，加快体育诚信体系建设，促进体育产业持续健康发展，按照《国务院办公厅关于进一步激发社会领域投资活力的意见》（国办发〔2017〕21 号）要求，现将《体育市场黑名单管理办法》印发实施，请遵照执行。贯彻实施中出现的问题，请及时向体育总局报告。

特此通知。

国家体育总局

2018 年 8 月 9 日

体育市场黑名单管理办法

第一条 为进一步规范体育市场秩序，推进体育监管信息公开，加快体育诚信体系建设，促进体育产业持续健康发展，依据《中华人民共和国体育法》《中华人民共和国行政许可法》《中华人民共和国政府信息公开条例》《全民健身条例》以及其他相关法律法规，制定本办法。

第二条 本办法所称体育市场黑名单管理，是指将严重违反法律、法规、规章的体育经营主体和体育从业人员列入体育市场黑名单，在一定期限内向社会公布，实施信用约束、联合惩戒等措施的统称。

第三条　国家体育总局负责制定《体育市场黑名单管理办法》，指导全国体育市场黑名单管理工作。省级人民政府体育主管部门建立本行政区域内的体育市场黑名单，负责体育市场黑名单的列入、移出，信息采集与公示，设立举报信箱等管理工作。

第四条　省级人民政府体育主管部门应当按照依法依规、客观及时、公平公正的原则管理所辖区域体育市场黑名单，接受社会监督。

第五条　省级人民政府体育主管部门应当将具有下列情形之一的经营主体或从业人员列入体育市场黑名单：

（一）应当取得行政许可而未取得行政许可，擅自从事相关体育经营活动，未按要求限期改正的；

（二）采用欺骗、贿赂等不正当手段取得体育经营活动相关行政许可的；

（三）在体育经营活动中，受到行政机关罚款以上行政处罚的；

（四）在体育经营活动中，一年内受到行政机关两次以上行政处罚的；

（五）发生重大兴奋剂违规行为、重大安全事故等，承担主要责任的；

（六）被人民法院列为失信被执行人的；

（七）按照省级地方性法规或者省级政府规章规定，须列入黑名单或者严重失信名单的；

（八）其他法律、法规、规章及规范性文件规定应该列入体育市场黑名单的。

第六条　各级人民政府体育主管部门可以通过政府信息公开、政府信息共享机制、人民法院网站等多种渠道获取符合第五条规定情形的信息。

第七条　省级以下人民政府体育主管部门应当及时将本行政区域内符合第五条规定的经营主体或从业人员信息逐级报送省级人民政府体育主管部门。

第八条　经营主体信息包括名称、住所、统一社会信用代码、法定代表人或者负责人姓名、相关事由等。从业人员信息包括姓名、身份证号码、相关事由等。

第九条　省级人民政府体育主管部门应当对拟列入体育市场黑名单的经营主体或从业人员信息进行调查核实，确保信息全面准确。

第十条　体育市场黑名单应当采取以下一种或几种方式进行公布：

（一）通过新闻媒体向社会公开；

（二）通过省级人民政府体育主管部门官方网站向社会发布；

（三）通过全国信用信息共享平台、国家企业信用信息公示系统等政府信息共享机制发布。

省级人民政府体育主管部门应当在5个工作日内，将列入体育市场黑名单的信息报送体育总局，体育总局汇总全国各地体育市场黑名单信息在官方网站上设专栏予以公开。

第十一条　公布期限，即将经营主体或从业人员信息列入体育市场黑名单的期限，一般为自公布之日起3至36个月。具体期限根据情节轻重程度确定。

第十二条　对列入体育市场黑名单的经营主体或从业人员，在公布期限内可以实施以下监管措施：

（一）作为信用监管评价指标之一，在开展年度信用评价时，降低其信用等级；

（二）实行差别化日常监管模式，在日常监督检查时，作为重点检查对象，增加检查频次；

（三）限制政策支持，在确定政策试点、政策性资金扶持等适用对象时，作为不利因素；

（四）限制参与政府项目，在政府采购、政府投资项目招投标、公共体育资源交易等活动时，作为不利因素；

（五）限制参加表彰奖励活动，取消体育领域的各类评优评先资格；

（六）纳入行业禁入和退出机制，禁止进入职业体育活动，对于已经进入的，通过准入制度强制退出；

（七）对再次发生相关违法违规行为的，应当从重处罚；

（八）将列入体育市场黑名单的经营主体或从业人员通报有关部门，实施联合惩戒。

（九）法律、法规规定的其他监管措施。

第十三条　省级人民政府体育主管部门应当在5个工作日内，将列入体育市场黑名单的情况通知当事人，并告知其有陈述、申辩的权利。

当事人在接到通知后10个工作日内，有权向该省级人民政府体育主管部门提交书面陈述、申辩及相关证明材料。

第十四条　经营主体或从业人员在规定的时限内提出书面陈述、申辩的，相应的省级人民政府体育主管部门应当在15个工作日内予以书面答复。

陈述、申辩理由被采纳的，应当及时调整体育市场黑名单相关内容、变更公布期限，或者取消列入体育市场黑名单。陈述、申辩理由不予采纳的，应当告知当事人。

申辩期间不影响体育市场黑名单的公布和管理。

第十五条　列入体育市场黑名单所依据的法律文书被变更或撤销的，相关体育主管部门应当在知道后5个工作日内，调整黑名单相关内容、变更公布期限，或者取消列入黑名单。

第十六条　列入体育市场黑名单的经营主体或从业人员公布期限届满的，由省级人民政府体育主管部门组织监督检查。

未发现在公布期限内存在符合第五条规定情形的，相关体育主管部门应当及时将经营主体或从业人员信息移出体育市场黑名单。

如发现在公布期限内再次发生符合第五条规定情形的，视情况对公布期限予以延长。

第十七条　省级人民政府体育主管部门设立体育市场黑名单核定委员会，由本部门工作人员、法律专家、体育经营主体、体育从业人员、消费者代表等组成，主要负责审查经营主体或从业人员信息是否列入体育市场黑名单，确定公布期限，受理当事人陈述、申辩等事项。

第十八条　鼓励各类媒体、社会组织和公民对体育市场活动进行监督，对符合第五条规定情形的，可以向各级人民政府体育主管部门举报。

第十九条　各级人民政府体育主管部门工作人员在体育市场黑名单管理过程中滥用职权、玩忽职守、徇私舞弊的，应当依法追究责任。

第二十条　省级人民政府体育主管部门应当根据本办法，制定符合当地实际情况的体育市场黑名单管理办法。

第二十一条　本办法自公布之日起施行，有效期5年。

第四章　中国体育舞蹈联合会拓展项目赛事

本章提要

本章讲述了中国体育舞蹈联合会拓展项目赛事，分别介绍了五个待拓展项目的舞种特征和国际比赛规则，使读者对拓展项目有大致的了解，以激发其学习兴趣，为今后赛事项目推广打下基础。

关键术语

队列舞、表演舞、街舞、交谊舞、萨莎舞、竞赛规则

第一节　队列舞

一、舞种介绍

队列舞是基于标准舞或拉丁舞两大舞系，以队列的流动变化以及音乐与动作的完美契合作为竞赛和表演看点的舞种。队列舞的典型特点是：参赛的每个选手和谐一致地完成动作，并充分体现集体的合作精神。因此，在编排中要用不同的方式来显示选手之间的协调配合及合作的意识，并贯穿在成套动作的各个部分。应在集体所具有的能力范围内进行编排，才能体现队列舞编排的价值和意义。

二、竞赛规则

（一）参赛运动员数量要求

所有队列舞参赛队伍由 6~8 对选手组成。任何选手在同一比赛中只能参加一支队伍的比赛。

每支参加队列舞比赛的队伍至少有 12 名选手，每个选手都必须持有 WDSF 成员国的有效护照，同时被成员国任命为代表，才能参加相关的锦标赛和世界杯。

在比赛的任何阶段，每队可以有 4 名替补队员。

（二）音乐和舞蹈要求

标准舞比赛队的动作编排必须是基于华尔兹舞、探戈、维也纳华尔兹舞、慢狐步舞和快步舞，并最多可选 16 小节任何其他舞，包括拉丁舞。

拉丁舞比赛队的动作编排必须是基于桑巴、恰恰、伦巴、斗牛舞、牛仔舞和任何其他拉丁舞节奏，并最多可选 16 小节其他任何舞，包括标准舞。

标准舞的每段独舞将严格限制在 8 小节以内，整个舞蹈编排中最多有 24 小节独舞。此规则不适用于拉丁舞，在拉丁舞中独舞通常作为一部分。

队列舞比赛中，每队从入场到出场的表演时间不得超过 6 分钟。在此 6 分钟内，将评判不超过 4.5 分钟的表演，表演的开始和结束应有明确的指示。

应使用磁带或其他音响设备。

第二节 表演舞

一、舞种介绍

表演舞是体育舞蹈中一个新型的比赛、表演方式，表演舞的舞蹈结构、舞蹈形式、舞蹈内容都在一定程度上借鉴并吸收了戏剧的结构、形式、编排方法与手段等方面的经验与成果。舞者们凭借自己的智慧让表演舞脱胎换骨，以空间和时间的交错表达表现各种不同的题材，从服装、动作等方面展现新的艺术效果，以反映社会关注的话题和事件。

二、竞赛规则

表演舞规则参见附录 4-2-1 表演舞国际竞赛规则节选。

附录 4-2-1 表演舞国际竞赛规则节选

规则 1 拉丁舞和标准舞风格

1.1 表演舞要淡化拉丁舞和标准舞本身的风格及特点。编排的最低限度是表演部分与拉丁舞或标准舞风格持平。

规则 2 舞种

2.1 在舞种的使用上，至少要用到拉丁舞或标准舞的 3 支舞，最多 5 支舞。可以使用其他舞蹈元素丰富和充实组合的编排。但须注意不要破坏体育舞蹈的风格（见 1.1）。必须能够清晰看到标准舞或拉丁舞的特点。

2.2 其他舞蹈元素最多只能占整支舞蹈的 25%。

规则3　音乐

3.1 选手必须向 WDSF 提供：①两份音乐光盘。②注明音乐名称、作曲、制作、出版、录制编号。

3.2 时间限定：

比赛时间为 3.5~4 分钟，包括上、下场，以舞伴中任意一人进入舞池开始计时，至最后一个人离开舞池为结束。请注意，不要超时，否则裁判长将会取消该选手的比赛资格。

音乐必须在表演开始的 15 秒以内响起。

规则4　托举

4.1 只要舞者之一的任何人在对方的支撑帮助下双脚离地，即视为托举动作。

4.2 标准舞托举：

4.2.1 一个剧目里最多出现 3 次。

4.2.2 每个托举动作不能超过 10 秒。

4.3 拉丁舞托举：

4.3.1 一个剧目里最多出现 3 次。

4.3.2 每个托举动作不能超过 15 秒。

规则5　握持

5.1 标准舞握持：

5.1.1 在标准舞表演舞中，可以选择的握持方式有男士右手在女士背后；男士左手握住女士右手。

5.1.2 在整个剧目的表演过程中，无握持状态最多只能维持 15 秒，并且最多只能有 2 次无握持舞姿。

5.1.3 在开始部分及结束部分各有 30 秒可以无握持或使用其他风格的握持方式，这将由裁判长来判断正误，以避免舞蹈中出现伤害（损伤）或冒犯类动作。

规则6　走场

6.1 主办方必须在合适的时间，给予每对选手在正式比赛场地上走场的机会。每对走场时间最少为 10 分钟，以便选手测试地板及设备与音乐的匹配。

每对选手须在走场前至少 15 分钟抵达场地。

6.2 整个走场时间段，所有选手、WDSF 裁判长、比赛监督、摄像师、音乐师、灯光师必须全部到场。

6.3 对走场及正式比赛过程进行全程录像，并将视频资料作为裁定违反规则的依据。裁判长将取消没有参加走场选手的竞赛资格。

6.4 走场时，比赛监督将对舞蹈是否符合 WDSF 规则及规定进行评判。若出现一些违规情况，将由其通知选手，以便及时修改和调整。

6.5 除了由于上述违规原因而进行的不得已的调整外，比赛与走场组合必须一致。从走场到各轮次的比赛，小道具、服装、装饰以及灯光音乐都必须保持一致。

6.6 若走场时某对选手的音乐出现了技术问题，那么必须给予受影响的选手在最后一对选手走场结束后再走场一次的机会，并让其有充分的时间去解决音乐问题。若无法解决音乐问题，那么该对选手将被取消正式比赛资格。如果这种情况发生在正式比赛的第一轮次，那么将采用同样的处理方式。但往后若继续在音乐技术方面出现问题，比赛监督将立即取消该对选手的比赛资格。

规则 7　表演顺序

7.1 出场顺序由裁判长或裁判长指定人员抽签确定。需确保抽签时，所有选手或他们的代表人都在场。

7.1.1 抽签确定的顺序就是走场或正式比赛第一场的顺序。

7.1.2 最后一轮的出场顺序同样由抽签来决定。

规则 8　灯光

8.1 所有参赛运动员在所有轮次中的灯光条件必须一致。除聚光灯外不允许有其他灯光。

8.2 要避免任何眩光直射选手，所以聚光灯的位置要足够高。

规则 9　国际表演舞比赛

9.1 国际表演舞比赛执行如下条例：①标准舞表演舞；②拉丁舞表演舞。

9.2 格式：

9.2.1 包括决赛在内，最多进行两轮比赛。

9.2.2 在每一轮次的比赛中，选手必须以同样的顺序表演同样的剧目，并使用同样的音乐。

9.2.3 各轮次比赛进行中没有暂停。

9.2.4 各轮次之间最少间隔 30 分钟。

9.2.5 走场与第一轮次比赛最少间隔 3 小时。

规则 10　比赛等级

10.1 WDSF 世界表演舞锦标赛

10.1.1 成人和青年

(1) 比赛类型：

WDSF 世界表演舞锦标赛包括：①标准舞；②拉丁舞。

(2) 邀请：邀请函要送达所有 WDSF 成员国家或地区。

(3) 资格：每个成员国家或地区都能提名两对选手参加。

(4) 费用报销：差旅费自理，提供两晚住宿。

10.2 WDSF 表演舞洲际锦标赛

10.2.1 成人和青年

(1) 比赛类型

WDSF 表演舞洲际锦标赛包括：①标准舞；②拉丁舞。

(2) 邀请：邀请函要送达洲际内 WDSF 相关成员国家或地区，以色列属于欧洲。

(3) 资格：每个洲内成员国家或地区都能提名两对选手参加。

10.3 国际表演舞邀请赛

(1) 如果一个比赛的选手最少来自 4 个 WDSF 会员国家或地区，那么除国际队列舞比赛外，它只能被命名为“国际表演舞邀请赛”。

(2) 邀请：只能邀请 WDSF 成员国家或地区参加比赛，除非主席团另有决定。

(3) 费用报销：参赛人员费用报销将与相关成员国家或地区协商决定。

规则 11　参赛背号

11.1 第一轮抽签后，将背号发给每对选手或他们的代表。参赛号码必须要显示出来，以便裁判和观众识别。

规则 12　宣告

12.1 比赛中，主办方必须提供一个仪式主持人。

所有选手必须要填写一个表格，表格里面有对他们剧目主题及细节的描绘。当宣告到某对选手时，该对选手要立即进入场地，开始他们的表演。

初赛时，必须宣告以下信息：选手名字；代表国家；编导名称；剧目名称（决赛时，若有其他有效附加信息，将放在编导名称之后，作为剧目名称使用，以结束宣告）。

规则 13　执裁

13.1 初赛采用淘汰制。裁判长确定并公布进入下一轮的选手名单。

13.2 决赛时，每个裁判要打两个分，一个为技术价值分，另一个为艺术价值分。两项分值相加为决赛成绩。若一个裁判给两对选手打出相同的分数，计分长将选择技术分领先者为领先者。

13.3 决赛时，使用 WDSF 新的评分系统。

13.4 由多于一种舞蹈韵律组成的剧目，在技术价值分方面要高于只有一种舞蹈韵律的剧目，因为从技术上讲，韵律多则更难。

规则 14　道具、配件、舞台装饰

14.1 无论在表演前、表演中还是表演后，都不允许使用道具、配件或舞台装饰。

规则 15　服装及装饰

15.1 执行 WDSF 服装标准。

15.2 男士、女士对服装或装饰的选择或补充要适合剧目主题。

15.3 妆容和发型也要切合主题。

规则 16　裁判长和比赛监督

16.1 WDSF 必须指派 WDSF 比赛监督及 1 名 WDSF 裁判长，以监督和指导主办方执行规则，裁判长和比赛监督有资格取消违规选手的参赛资格。

16.2 在世界及洲际锦标赛时，主办方必须提供专门的摄像、最新的视频设备，以及一个屏幕，用于监察、观看慢动作展示和图像。

16.3 每一轮次的所有表演，包括走场在内，必须录像以备回放检查是否违规，并作为是否取消选手资格的证据。

16.4 资格取消。任一选手在比赛中出现违规情况，都将立即被取消比赛资格。在取消选手比赛资格的案例中，需要有由 WDSF 比赛监督和裁判长签署的详细报告，其中包括录像报告或对其他原因的说明。报告将在比赛结束后一周内送达 WDSF 体育部主任处。

16.5 最终裁决。出现任何上述规则不清、不完整或未说明的情况时，由比赛监督给出最终裁决。

第三节　街　舞

一、舞种介绍

街舞运动于 20 世纪 90 年代末传入我国，自 2018 年霹雳舞（Breaking）正式纳入青奥会比赛项目以来，街舞运动深受国家和社会各界的关注。街舞运动的开展带动了一系列相关产业的发展，其商业价值、文化价值等都值得肯定。

霹雳舞是街舞的一种，是追求创意和动作设计感较多的新兴运动项目，在表演或者竞技中让人有出其不意的感觉，这是霹雳舞选手日夜训练的目标。霹雳舞属于难美打分类项目。每套组合下来，裁判会根据选手动作的完成程度打分。霹雳舞既有类似体操的高水平的身体素质，还有从艺术角度欣赏的潮流时尚元素，受到青少年人群的喜爱和追捧。

街舞比赛设项共有 4 项，以下是其竞赛规则。

二、竞赛规则

（一）锁舞（Locking）项目规则

1. 选　手

参加锁舞项目初选的选手不超过 150 人。

2. 嘉　宾

嘉宾由网络海选、主办方邀请或国内外一流赛事组委会推荐，限定 5 人，直接进入 32 强。

3. 晋级规则

初选：分为三圈斗舞，至晋级选手加上嘉宾的人数小于 32 人时停止斗舞。

随后所有未晋级选手进入复选环节，裁判复选相应数量的选手与晋级选手和嘉宾组成32强。

例如：海选共100人报名，有5名嘉宾，斗舞一轮后剩余50人，斗舞两轮后剩余25人。晋级选手25人+嘉宾5人=30人，小于32人，则停止斗舞进入复选环节，裁判复选2人，与嘉宾和晋级选手组成32强。

32强：一对一斗舞每人1轮，每轮45秒。

16强：一对一斗舞每人1轮，每轮45秒。

8强：一对一斗舞每人1轮，每轮45秒。

4强：一对一斗舞每人1轮，每轮45秒。

冠军战：一对一斗舞每人2轮，每轮60秒。

所有轮次由3名裁判投票表决，票数多者晋级，票数相同进行加赛，加赛超过3次由裁判长发起内部商议，最终表决。

（二）机械舞（Popping）项目规则

1. 选　手

参加机械舞项目初选的选手不超过150人。

2. 嘉　宾

由网络海选、主办方邀请或国内外一流赛事组委会推荐，限定5人，直接进入32强。

3. 晋级规则

初选：分为三圈斗舞，至晋级选手加上嘉宾人数小于32人时停止斗舞。

随后所有未晋级选手进入复选环节，裁判复选相应数量的选手与晋级选手和嘉宾组成32强。

例如：海选共100人报名，有5名嘉宾，斗舞一轮后剩余50人，斗舞两轮后剩余25人。晋级选手25人+嘉宾5人=30人，小于32人，则停止斗舞进入复选环节，裁判复选2人，与嘉宾和晋级选手组成32强。

32强：一对一斗舞每人1轮，每轮45秒。

16强：一对一斗舞每人1轮，每轮45秒。

8强：一对一斗舞每人1轮，每轮45秒。

4 强：一对一斗舞每人 1 轮，每轮 45 秒。

冠军战：一对一斗舞每人 2 轮，每轮 60 秒。

所有轮次由 3 名裁判投票表决，票数多者晋级，票数相同进行加赛，加赛超过 3 次由裁判长发起内部商议，最终表决。

（三）小齐舞（Growp Dance）项目规则

1. 选　手

选手直接参加小齐舞决赛，不超过 10 个舞团。

2. 邀请舞团

邀请舞团由网络海选、主办方邀请或国内外一流赛事组委会推荐，限定 3 个团体，参加小齐舞决赛。

3. 评判规则

小齐舞作为赛事表演项目，每个团体表演 1 轮，每轮 4 分钟。由 3 名裁判直接打分，按得分排名，确定最终名次。

（四）霹雳舞（Breaking）项目规则

1. 选　手

参加霹雳舞项目初选的选手不超过 150 人。

2. 嘉　宾

嘉宾由网络海选、主办方邀请或国内外一流赛事组委会推荐，限定 5 人，直接进入 32 强。

3. 晋级规则

初选：分为三圈斗舞，至晋级选手加上嘉宾人数小于 32 人时停止斗舞。

随后所有未晋级选手进入复选环节，裁判复选相应数量的选手与晋级选手和嘉宾组成 32 强。

例如：海选共 100 人报名，有 5 名嘉宾，斗舞一轮后剩余 50 人，斗舞两轮后剩余 25 人。晋级选手 25 人+嘉宾 5 人=30 人，小于 32 人，则停止斗舞进入复选环节，裁判复选 2 人，与嘉宾和晋级选手组成 32 强。

32 强：一对一斗舞每人 1 轮，每轮 45 秒。

16 强：一对一斗舞每人 2 轮，每轮 45 秒。

8 强：一对一斗舞每人 2 轮，每轮 45 秒。

4 强：一对一斗舞每人 3 轮，每轮 45 秒。

冠军战：一对一斗舞每人 4 轮，每轮 60 秒。

男子组与女子组分开比赛，采用相同赛制，所有轮次由 3 名裁判投票表决，票数多者晋级，票数相同进行加赛，加赛超过 3 次由裁判长发起内部商议，最终表决。

详细竞赛规程见附件 4-3-1。

附件 4-3-1 中国体育舞蹈联合会街舞世界杯竞赛通知及竞赛规程

中国体育舞蹈联合会关于印发
2019 年 CDSF 街舞世界杯竞赛规程的通知

各有关单位：

由国家体育总局社会体育指导中心、中国体育舞蹈联合会（以下简称 CDSF）共同主办，南京市溧水区人民政府承办的 2019 年 CDSF 街舞世界杯将于 2019 年 6 月 20 日至 23 日在南京溧水体育中心举行。

现将竞赛规程印发给你们，请认真做好组队工作，按规程要求报名参赛。

附件：2019 年 CDSF 街舞世界杯竞赛规程

中国体育舞蹈联合会

2019 年 4 月 25 日

抄送：江苏省社会体育管理中心、南京市体育局。

2019年CDSF街舞世界杯竞赛规程

一、主办单位

国家体育总局社会体育指导中心

中国体育舞蹈联合会（CDSF）

江苏省体育总会

二、承办单位

江苏省社会体育管理中心

南京市体育局

江苏省体育舞蹈运动协会

南京市溧水区人民政府

三、协办单位

南京市溧水区体育局

四、赛事运营推广单位

南京思迪飞灵体育文化有限公司

咪咕动漫有限公司

五、媒体支持单位

中央电视台5频道

CCTV NEWS

中国教育电视台

北京电视台

上海电视台

南京电视台

中国体育报

中国体育舞蹈联合会网

《尚舞》杂志

茹舞

优舞网

微舞

舞讯网

中华舞蹈网

中舞网

SZ 舞蹈

咪咕

六、比赛日期

2019 年 6 月 20 日至 23 日，共 4 天。

七、比赛地点

南京溧水体育中心（江苏省南京市溧水区随园路溧水体育公园体育馆北门）。

八、比赛设项

设项见附件（略）。

九、裁判委员会

由 CDSF 选调裁判团执裁。

十、报名要求

（1）只接受个人报名。若以省市、协会、俱乐部、学校机构等为单位进行报名，必须认真填写所属团体名称，所有参赛队员必须亲自填写报名信息，不得代填。从 2019 CDSF 官方竞赛报名系统报名（报名网站：https://www.hiphopcn.com.cn/）。认真填写内容。本次比赛裁判员不得兼任本代表队任何职务。

（2）如有修改或调整报名，请个人必须在报名截止期限前与竞赛报名系统联系人联系。

（3）请个人认真做好报名工作，确保报项准确。报到时原则上不更改已报组别。

（4）报名截止日期：2019 年 5 月 24 日（星期五）24 时，逾期报名系统关闭，不接受报名。

报名联系电话：010-67183764。

联系人：陈思。

竞赛报名系统咨询电话：18805172780。

联系人：李想。

十一、报到时间与地点

请参赛运动员于 2019 年 6 月 19 日 10 时至 18 时前往南京溧水体育中心报到。报到时请携带本人有效证件领取选手号码、参赛手册等。

十二、2019 年 CDSF 街舞世界杯奖励

1. Locking、Popping（不分男女）。

冠军：40000 人民币（税后）。

亚军：20000 人民币（税后）。

季军：10000 人民币（税后）。

2. Breaking（霹雳舞国内选拔赛）

男子组：

冠军：40000 人民币（税后）。

亚军：20000 人民币（税后）。

季军：10000 人民币（税后）。

女子组：

冠军：20000 人民币（税后）。

亚军：10000 人民币（税后）。

季军：5000 人民币（税后）。

3. 小齐舞（表演赛）

冠军：30000 人民币（税后）。

亚军：20000 人民币（税后）。

季军：10000 人民币（税后）。

4. Breaking（WDSF 霹雳舞世锦赛）

男子组：

冠军：20000 美元（税后）。

亚军：8000 美元（税后）。

季军：4000 美元（税后）。

第 4 名：2000 美元（税后）。

第 5 名～第 8 名：1000 美元（税后）。

第 9 名～第 32 名：500 美元（税后）。

女子组：

冠军：8000 美元（税后）。

亚军：4000 美元（税后）。

季军：2000 美元（税后）。

第 4 名：1000 美元（税后）。

第 5 名~第 8 名：600 美元（税后）。

第 9 名~第 16 名：400 美元（税后）。

十三、食宿交通安排

所有参赛队伍自行安排食宿。

十四、保险

所有参赛运动员将由组委会统一购买人身意外伤害险，在比赛期间由于非组委会原因发生的意外事件均由参赛队自行负责。

十五、相关要求

请所有选手及时通过"2019CDSF 街舞世界杯官方网站"及"街舞世界杯"微信公众号和检录处公告关注最新赛程，防止误场。

十六、未尽事宜，将另行通知。

第四节　萨莎舞

一、舞种介绍

萨莎舞是音译，其原名 Salsa 的词意是一种食物调料酱，西班牙语发音为"萨尔萨"，故又称萨尔萨舞。它起源于古巴，在纽约和佛罗里达两地区的拉丁社区得到发展，逐渐演化为多种风格，成为当今欧美非常流行的社交舞蹈之一。不同国家、不同地域的萨莎舞都有所不同，但其基本步伐相近，有美国纽约的萨莎舞（New York Salsa）、哥伦比亚的萨莎舞（Columbia Salsa）、美国洛杉矶的萨莎舞（L. A. Salsa）和古巴的萨莎舞（Cuba Salsa）等。舞蹈音乐是建立在曼波舞的基础上，沿用了颂乐的结构，每一音乐节拍为 6~8 拍。动作要领突出腰胯的“8”字形摆动。

二、竞赛规则

（一）专业组比赛规则

一般初赛热身时间为 2 分钟，由 DJ（唱片骑师）选曲，即兴发挥 2 分钟。初赛时间为 2~3 分钟，音乐由参赛者准备并提供。每位参赛者均有 2~3 分钟进行编舞部分的表演，所编舞蹈的时间不得超过 3 分钟，其中包括入场及结束部分，场内设有专门人员负责计时工作，超时将予以扣分。具体处理办法一般由评审组决定。所有参赛者都必须自带比赛音乐光盘。具体要求如下：

所选音乐一般必须有至少 80% 的萨莎舞风格的音乐，另外 20% 的音乐风格体裁不限。通常，大赛允许参赛者使用最多 3 首歌曲来编辑参赛曲目，并建议选手们准备 2 套或者 2 套以上的参赛曲目和舞蹈套路。每首参赛曲目都要求准备 2 张光盘，即如有两首参赛曲目的参赛者应准备 4 张光盘。每张光盘都要求能即放即用，并且一张光盘只刻录一首曲目。DJ 不负责参赛曲目的加速、减速等工作。

（二）业余组比赛规则

第一回合：每支乐曲有 3 对选手上台，他们对 DJ 所选的曲目进行 2 分钟的自由发挥。所选曲目除萨莎舞风格的主曲以外，还可以混有其他一种曲风的音乐。评审组将根据业余组的评分标准选出 5~10 对选手参与第二回合的比赛。

第二回合：每一对入围选手一般都将分别对 DJ 所选曲目进行 2 分钟的萨莎舞自由发挥。评审团将根据业余组的评分标准选出最后 5 对选手进行业余组冠、亚、季军的角逐。大赛组委会和评审组在当天有权根据参赛者人数对业余组初赛程序进行适当调整。

业余组决赛：5 对初赛入围选手将分别根据 DJ 所选曲目进行 2 分钟的萨莎舞自由发挥。评审组将依据业余组评分标准最终评出业余组的前 3 名。

（三）评分标准

1. 节奏感

参赛者须在报名参赛时，告知大赛评审组所参赛的舞蹈范畴——“踩 1”或者“踩 2”。节奏感是评分标准中比重最大的一部分。裁判会非常认真地观察每位参赛者的节奏感，舞蹈动作是否与音乐配套。无论是热身、初赛还是决赛，从选手们踏入舞池的一刻起，裁判就会开始他们的评分过程。

比赛过程中的一些花样动作可能会赢得观众的喜爱，但是如果节奏感没有达到所申报范畴的标准，则会有 10%~40%不等的扣分。

2. 表现力（包括服装）

无论业余组还是专业组，比赛一般都鼓励所有参赛者身着比赛服装或者与舞伴相配的服装，不鼓励穿牛仔服装上场。穿裙装的女士应配以丝袜或尼龙袜。参赛者都应本着对比赛观众和裁判尊重的原则礼貌着装。任何参赛者都应遵守着装及其他礼仪，不得在其他选手比赛或者表演期间分散观众或者裁判的注意力。

3. 协调感

评审组的裁判将对舞蹈搭档中男士的控制能力、女士的反应能力以及双方的舞蹈协调性进行评分。

4. 舞蹈风格

参赛者的风格、技术水平将在这一项中受到最大的挑战。不仅舞蹈动作要融入整个舞蹈编排和音乐，其中手、脚、身体动作的优雅程度以及动作完成的整齐利落程度都将受到裁判严格的评判。

5. 舞蹈编排

舞蹈编排和对音乐的解释能力也是评委们评分的对象。舞蹈的原创性、动作难度和创造力是这一评分标准的重要组成部分。

6. 观众印象

裁判会根据他们所观察到的观众反应以及反应的真诚度予以加分。

7. 总体印象

评审组的裁判会依据参赛者各个评分标准中的得分情况以及该对参赛者的信心来打总体印象分。

（四）评分标准

萨莎舞评分标准见表4-1。

表4-1 萨莎舞评分标准

项目	专业组	业余组
音乐	自带	DJ选曲
服装	专业舞蹈服装	不限
编舞	两套舞蹈动作	即兴自由发挥
节奏感	40%	40%
表现力	10%	—
舞蹈编排	10%	—
协调感	10%	20%
舞蹈风格	10%	10%
观众印象	10%	20%
总体印象	10%	10%
总分	100%	100%

第五节　社交舞

一、舞种介绍

社交舞是广大社会成员参与的文化活动。广义上来说，应该包含一切以广大群众参与为前提，以舞蹈文化为活动的基本形态，以舞蹈文化的群体创造为内涵的文化现象；从狭义上理解，是一种更注重以自娱性和社交性为核心功能的文化活动。

二、竞赛设项

（一）组别设置

社交舞包括社会公开精英组、社会组、普通院校组、专业院校组和健身团体舞。

（二）各组别及其比赛舞种

各组别及其比赛舞种见表 4-2 至表 4-6。

表 4-2　社会公开精英组组别及比赛舞种

序号	项目	性别、年龄规定	比赛舞种
1	全能精英公开组	男女，18 岁以上，65 周岁以下	慢三、快四、慢四、探戈、快三、伦巴、吉特巴、三步踩、萨莎舞
2	精英 A 组	男女，社会成人	慢三、快四、慢四、探戈、快三、伦巴、吉特巴、三步踩
3	精英 B 组	男女，社会成人	慢三、快四、慢四、探戈、快三
4	师生 A 组	男女，社会成人	慢三、快三、慢四、探戈
	师生 B 组	男女，社会成人	慢三、快三、慢四、快四
5	巾帼 A 组	女女，社会成人	慢三、慢四、探戈、快三
	巾帼 B 组	女女，社会成人	慢三、慢四、快四
6	伉俪 A 组	男女，已婚夫妻	慢三、慢四、快三

表 4-3　社会组组别及比赛舞种

序号	项目	性别、年龄规定	比赛舞种
1	表演舞组	男女，社会成人	慢三、探戈、慢四、快三
2	35 岁以下 A 组	男女，18~35 岁	慢三、快四、慢四、探戈、快三
3	35 岁以下 B 组	男女，18~35 岁	慢三、快四、慢四、快三
4	35 岁以下 C 组	男女，18~35 岁	慢三、慢四、快四
5	45 岁以下 A 组	男女，36~45 岁	慢三、慢四、探戈、快三、快四
6	45 岁以下 B 组	男女，36~45 岁	慢三、慢四、快四、快三
7	45 岁以下 C 组	男女，36~45 岁	慢三、慢四、快四
8	55 岁以下 A 组	男女，46~55 岁	慢三、慢四、探戈、快三、快四
9	55 岁以下 B 组	男女，46~55 岁	慢三、慢四、快四、快三
10	55 岁以下 C 组	男女，46~55 岁	慢三、慢四、快四
11	60 岁以下 A 组	男女，56~60 岁	慢三、快四、探戈、快三
12	60 岁以下 B 组	男女，56~60 岁	慢三、慢四、快三
13	60 岁以下 C 组	男女，56~60 岁	慢三、慢四
14	65 岁以下 A 组	男女，61~65 岁	慢三、慢四、探戈
15	65 岁以下 B 组	男女，61~65 岁	慢三、快四
16	65 岁以下 C 组	男女，60~65 岁	慢三、慢四
17	35 岁以下组	男女，18~35 岁	吉特巴
18	45 岁以下组	男女，36~45 岁	吉特巴
19	55 岁以下组	男女，46~55 岁	吉特巴
20	60 岁以下组	男女，56~60 岁	吉特巴
21	65 岁以下组	男女，61~65 岁	吉特巴
22	35 岁以下组	男女，18~35 岁	伦巴
23	45 岁以下组	男女，36~45 岁	伦巴
24	55 岁以下组	男女，46~55 岁	伦巴
25	60 岁以下组	男女，56~60 岁	伦巴

续表

序号	项目	性别、年龄规定	比赛舞种
26	65 岁以下组	男女，61~65 岁	伦巴
27	35 岁以下组	男女，18~35 岁	三步踩
28	45 岁以下组	男女，36~45 岁	三步踩
29	55 岁以下组	男女，46~55 岁	三步踩
30	60 岁以下组	男女，56~60 岁	三步踩
31	65 岁以下组	男女，61~65 岁	三步踩
32	巾帼组	女女，社会成人	三步踩

表 4-4 普通院校组（含普通高校、体育学院、职业学院非表演艺术专业、体育舞蹈专业在校大学生）组别及比赛舞种

序号	项目	性别、年龄规定	比赛舞种
1	普通院校精英 A 组	男女，在校学生	慢三、快四、慢四、探戈、快三、伦巴、吉特巴
2	普通院校精英 B 组	男女，在校学生	慢三、快四、慢四、探戈、快三
3	普通院校表演舞组	男女，在校学生	慢三、探戈、慢四、快三
4	普通院校 A 组	男女，在校学生	慢三、快四、慢四、探戈、快三
5	普通院校 B 组	男女，在校学生	慢三、探戈、慢四、快三
6	普通院校 C 组	男女，在校学生	慢三、探戈、快三
7	普通院校 D 组	男女，在校学生	慢三、慢四、快三
8	普通院校 E 组	男女，在校学生	慢四、探戈
9	普通院校巾帼组	女女，在校学生	慢三、慢四

表 4-5　专业院校组（含普通高校、体育院校、职业院校体育舞蹈专业在校学生）组别及比赛舞种

序号	项目	性别、年龄规定	比赛舞种
1	专业院校精英 A 组	男女，在校学生	慢三、快四、慢四、探戈
			快三、伦巴、吉特巴
2	专业院校精英 B 组	男女，在校学生	慢三、快四、慢四、探戈、
			快三、伦巴
3	专业院校表演舞组	男女，在校学生	慢三、探戈、慢四、快三
4	专业院校 A 组	男女，在校学生	慢三、快四、慢四、探戈、快三
5	专业院校 B 组	男女，在校学生	慢三、探戈、慢四、快三
6	专业院校 C 组	男女，在校学生	慢三、探戈、快三
7	专业院校 D 组	男女，在校学生	慢三、慢四、快三
8	专业院校 E 组	男女，在校学生	慢四、探戈

表 4-6　健身团体舞组别及比赛舞种

序号	项目	性别、年龄规定	比赛要求
1	广场舞团体舞	性别不限、年龄不限，每队不少于 12 人。	舞种不限，总体时间不超过 5 分钟，音乐自备。
2	吉特巴团体舞	性别不限、年龄不限，每队不少于 16 人。	舞种只限吉特巴，总体时间不超过 5 分钟，音乐自备。
3	三步踩团体舞	性别不限、年龄不限，每队不少于 16 人。	舞种只限三步踩，总体时间不超过 5 分钟，音乐自备。
4	交谊舞团体舞	性别不限、年龄不限，每队不少于 12 人。	两种以上（含两种）交谊舞，总体时间不超过 5 分钟，音乐自备。
5	高校（含体育学院）团体舞	性别不限、在校学生，每队不少于 12 人。	两种以上（含两种）交谊舞，总体时间不超过 5 分钟，音乐自备。

续表

序号	项目	年龄、性别规定	比赛要求
6	高校（含体育学院）广场舞	性别不限、在校学生，每队不少于 12 人。	舞种不限，总体时间不超过 5 分钟，音乐自备。
7	水兵舞团体舞	性别不限，年龄不限，每队不少于 6 人。	只限健身水兵舞，总体时间不超过 5 分钟，音乐自备。

三、竞赛规程

社交舞竞赛规程举例见附件 4-5-1。

附件 4-5-1　全国健身交谊舞竞赛规程

中国体育舞蹈联合会关于印发第十六届全国健身交谊舞锦标赛暨 2019 全国健身舞大赛竞赛规程的通知

各有关单位：

第十六届全国健身交谊舞锦标赛暨 2019 全国健身舞大赛将于 2019 年 9 月 18 日至 19 日在四川省成都都江堰举行。现将比赛规程印发，请积极组队参赛。

附件：1. 比赛设项（略）

2. 参赛报名表（略）

中国体育舞蹈联合会

2019 年 7 月 22 日

第十六届全国健身交谊舞锦标赛暨2019全国健身舞大赛竞赛规程

一、主办单位

中国体育舞蹈联合会

都江堰市人民政府

二、承办单位

四川省大众体育联合会

都江堰市文化体育和旅游局

三、协办单位

成都市城北体育馆

都江堰市文化体育和旅游局

成都市体育舞蹈协会

赞助单位及相关媒体

四、比赛日期和地点

（一）比赛日期：2019年9月18日至19日。

（二）比赛地点：都江堰市飞龙体育馆。

五、比赛设项及相关规定

比赛设项及相关规定见附件1（略）。

六、参赛办法

（一）以中国体育舞蹈联合会各会员（含国家级俱乐部、培训中心）为单位参赛，各单位参赛人数不限。

（二）每队可报领队1~2人，教练员3~4人，报名时请将领队、教练员名单分别标注清楚。所有在册人员将发放胸卡。

（三）凡年满18周岁的中国公民，在各组别规定的年龄范围内，可跨类别兼报，但不得在同组别里更换舞伴（选手兼报组别不得超过五项，包含更换舞伴；团体舞除外）。

（四）非在读院校学生，不得报普通院校组与专业院校组。

（五）普通高校非体育舞蹈及艺术类方向学生不得报代码为02~44的社会各组

别，只允许报组别代码为45~47的普通院校组别与代码为01的全能精英公开组以及代码为57的普通院校团体舞组。

（六）体育院校、普通高校体育舞蹈及艺术类方向学生不得报代码为02~44的社会各组别，只允许报代码为48~50的专业院校组别与代码为01的全能精英公开组以及代码为58~59的专业院校团体舞组。

（七）参赛运动员报到时需出示身份证原件、学籍证明原件，报伉俪组需出示结婚证原件（复印件无效）以甄别资格。

七、比赛要求

（一）技术要求

（1）规定动作与自选动作相结合。

（2）规定动作：中国体育舞蹈联合会统一交谊舞教材基本舞步、组合花样舞步。

（3）自选动作：不受限制，但不得跳体育舞蹈（国标舞）组合，不得出现连续四小节的体育舞蹈（国标舞）动作或造型。

（二）服装要求

（1）男士：上装可选择燕尾服、单色西装或单色马甲、衬衣，佩戴领带或领结，下装须为单色西裤、深色袜子。

（2）女士：连衣裙或大摆裙、短裙，款式、颜色不限。

八、竞赛办法

（一）按初赛、复赛、半决赛、决赛流程进行（组委会可根据不同组别和选手人数进行调整。既定组别报名人数不足3对，取消该组别或并入同等及相邻组别）。

（二）各组别比赛音乐均由大赛组委会统一安排，团体舞音乐自备，CD、DVD、电子版格式均可，请于走场时将光盘或U盘交竞赛组。

九、录取名次与奖励

（一）全能精英公开组（代码01）只录取9对进入决赛，评出一等奖3名、二等奖3名、三等奖3名，颁发奖牌和证书。

其余各组别均录取12对进入决赛，评出一等奖3名、二等奖3名、三等奖3名，颁发奖牌和证书。如不足12对，则逐一递减名次。

（二）团体舞：评选一等奖3名、二等奖3名、三等奖3名，颁发奖牌和证书。

（三）奖金标准：奖金标准由大赛组委会确定。如出现名次并列，则奖金平分。

（四）大赛分别设“精神文明奖”与“优秀组织奖”。

十、报名与报到

（一）请于2019年9月8日前填写报名表（略）报中国体育舞蹈联合会秘书处。

电　　话：010-67183764。

电子信箱：chinadance@ vip. sina. com。

（二）请各参赛队于2019年9月17日17：00前到都江堰飞龙体育馆报到。

承办单位联系方式：

联系人：刘冬梅、武诗咏。

手　机：13608080267、17761239895。

（三）鉴于活动参与人员较多、时间较长、运动负荷较大，谢绝70岁以上的老同志参加比赛。

（四）请参赛运动员务必自购保险，如有意外，医疗费用自理，组委会概不负责。

十一、经费

（一）参赛人员差旅费、食宿费自理，组委会提供比赛场地周边住宿信息。

（二）报到时请根据报名组别缴纳参赛服务费。

十二、裁判

由中国体育舞蹈联合会选调。

十三、竞赛纪律

（一）参赛运动员须遵守大赛组委会的各项规定，服从大赛组委会的安排。各领队务必管理好自己的队伍，避免发生任何安全事故。

（二）比赛中裁判的评判结果是最终结果。

（三）在比赛中故意制造冲撞、影响其他选手正常发挥者，情节严重的，将由仲裁委员会给予相应处理，直至取消比赛资格。

十四、申诉

对比赛过程有异议需申诉者，必须由领队出具书面申请，并向大赛仲裁委员会交纳600元申诉费。经调查申诉有效，600元申诉费如数退还，否则，不予退还。大赛仲裁委员会只受理领队书面申请，不受理个人申诉。

十五、广告

在秩序册及大赛场地发布广告，或在赛场外出售舞蹈服饰，须经大赛组委会批准，未尽事宜，另行通知。

参考文献

[1] 冯欣欣．单项运动协会制度变迁的“锁定效应”研究[J]．沈阳体育学院学报,2017,36(03):29-33.

[2] 汤力．多重制度逻辑下体育社会组织的类型及其发展趋势[J]．云南行政学院学报,2017,(6):133-138.

[3] 吴玉章．社会团体的法律问题[M]．北京:社会科学文献出版社,2004:13-15.

[4] 王凯珍,汪流,黄亚玲,等．全国性体育社团改革与发展研究——基于学理层面的思考[J]．天津体育学院学报,2010,25(01):6-9.

[5] 张恩利,易晓刚．试析我国体育社团政府管理模式的法律化困境[J]．南京体育学院学报,2011,25(01):63-65.

[6] 刘东峰,张林．全国性单项运动协会市场开发现状调查与筹资机制研究[J]．体育科学,2008,28(02):29-36.

[7] 冯晓丽,郭帅．外部社会资本、吸收能力对体育社团承接服务能力的影响研究[J]．天津体育学院学报,2015,30(03):200-204.

[8] 周进国,周爱光．体育社团社会资本指标体系研究[J]．首都体育学院学报,2017,29(04):296-301.

[9] 沈富春,张占毅,串凯．我国单项运动协会自律监管机制研究[J]．西安体育学院学报,2013,30(02):173-175.

[10] 刘清早．体育赛事运作管理手册[M]．北京:人民体育出版社,2009.

[11] 张林,黄海燕．体育赛事事前评估[M]．北京:人民体育出版社,2011.

[12] 赵凯寻,黄海燕．体育赛事承办方信用的指标体系研究[J]．体育科研,2017,38(05):64-70.

[13] 体育总局关于印发《关于进一步加强体育赛事活动监督管理的意见》的通知[EB/OL].(2018-04-28)[2018-05-02]. http://www.sport.gov.cn/n316/n336/c856833/content.html.

[14] WDSF Competition Rules[EB/OL]. (2018-07-17)[2019-01-01]. http://www.world-

dancesport. org/Rule/Competition/General.

[15] 李小芬．体育舞蹈运动教程[M]. 北京:北京体育大学出版社,2016.

[16] 金晶．2014 年武汉网球公开赛对武汉市若干影响研究[D]. 武汉:华中师范大学,2015.

[17] 赵腾．2014 武汉网球公开赛现场观众消费现状及其对武汉市经济影响研究[D]. 武汉:华中师范大学,2015.

[18] 钟世浩．2014 首届武汉网球公开赛现场观众满意度调查与分析[D]. 武汉:华中师范大学,2015.

[19] 王湘涵．举办地政府对体育赛事社会影响的战略性意义建构研究[D]. 上海:上海体育学院,2017.

[20] 张玉．价值理论视野下大型体育赛事经济收益评价指标体系研究[D]. 南京:南京师范大学,2011.

[21] 赵云涛．我国中小城市体育赛事的选择评价及实证研究[D]. 北京:首都体育学院,2012.

[22] 谢洪伟．大型体育赛事与城市发展耦合研究[D]. 北京:北京体育大学,2013.

[23] 罗景．武术赛事社会影响力的构成要素研究[D]. 上海:上海体育学院,2015.

[24] 黄熔朴．大型体育赛事服务观众满意度量表的研制与应用[D]. 福州:福建师范大学,2016.

[25] 张海姗．排球联赛现场观众满意度评价指标体系的构建[D]. 沈阳:沈阳体育学院,2013.

[26] 中国体育舞蹈联合会政策法规[EB/OL]. [2019-06-13]. http://www. cdsf. org. cn/xhome/article? type=30.

[27] 国务院关于印发社会信用体系建设规划纲要(2014—2020 年)的通知[EB/OL]. (2014-06-14)[2019-05-20]. https://www. creditchina. gov. cn/home/zhngcefagui/201905/t20190517_155899. html.

[28] WDSF Anti-Doping Code[EB/OL]. (2015-01-01)[2019-06-20]. http://www. worlddancesport. org/Rule/Competition/Anti-Doping.